CLAUDIA VON SCHIERSTEDT

Finsternisse astrologisch deuten

Standardwerke der Astrologie

CLAUDIA VON SCHIERSTEDT

Finsternisse
astrologisch deuten

CHIRON VERLAG

Die Deutsche Bibliothek – CIP-Einheitsaufnahme

Schierstedt, Claudia von
Finsternisse astrologisch deuten / Claudia von Schierstedt. –
Mössingen : Chiron-Verl., 1999
(Standardwerke der Astrologie)
ISBN 3-925100-42-3

Deutsche Erstausgabe
© 1999 Chiron Verlag, Mössingen
Umschlag: Walter Schneider unter Verwendung einer
Fotographie von Astrofoto/Stefan Binnewies

Merhaba Belinda

Zu beziehen durch den Buchhandel oder direkt beim
Chiron Verlag, Postfach 1131, D-72109 Mössingen
www.chironverlag.com

Inhaltsverzeichnis

Einleitung

Wer hat nicht schon einmal in einer Vollmondnacht das Naturschauspiel beobachtet, wie sich der Mond verfinstert und für einige Zeit stockfinstere Dunkelheit herrscht? Seltener hingegen kann man die gespenstisch anmutende Dunkelheit und die unheimliche Stille einer totalen Sonnenfinsternis erfahren, die ganz plötzlich mitten am Tag innerhalb weniger Minuten eintritt. Im Sommer 1999 werden wir in Mitteleuropa seit langer Zeit wieder einmal die Gelegenheit haben, eine totale Sonnenfinsternis zu erleben. Diese Finsternis wirft schon seit langer Zeit ihre Schatten voraus. Schließlich ist sie eines der wenigen exakten astrologisch-astronomischen Ereignisse, die taggenau und im Klartext in den Prophezeiungen von Nostradamus erwähnt werden. Aus astrologischer Perspektive ist diese Finsternis besonders interessant, da mit ihr mehrere Planeten direkt verbunden sind. Diesem außergewöhnlichen Ereignis und seiner Deutung ist ein eigener Abschnitt am Ende dieses Buches gewidmet.

Finsternisse, die auch als Eklipsen (lat.: *eclipsis*) bezeichnet werden, ziehen von allen astronomischen Vorkommnissen die größte Aufmerksamkeit auf sich, da sie für jeden deutlich erkennbar in Erscheinung treten. Daher gehören Finsternisse auch zu den ersten geschichtlichen Ereignissen, die taggenau überliefert wurden. Die historische Geschichtsschreibung hat uns Dokumente mit exakten Daten von Finsternissen in der Vergangenheit hinterlassen. Da wir heute Finsternisse problemlos exakt berechnen können, stellen diese historischen Quellen einen wichtigen Anhaltspunkt zur Datierung geschichtlicher Ereignisse dar. Bereits seit dem Jahr 747 vor unserer Zeitrechnung gibt es Aufzeichnungen über Finsternisse. Bei den Kelten hatten die Menschen schon eine Regelmäßigkeit in der Wiederkehr von Finsternissen erkannt und bemühten sich, diese im Voraus berechnen zu können. Der Astronom Dr. G. S. Hawkins kam aufgrund seiner Beschäftigung mit den englischen Steinkreisen in Stonehenge und Avebury zu dem Schluss, dass bereits um 1500 v. Chr. sternkundige Priester mit Hilfe der berühmten Monolithen Finsternisse beobachtet und vorhergesagt haben.

In früheren Zeiten fürchtete man Finsternisse oft als Vorboten schlimmer Ereignisse. Mondfinsternisse wurden dabei mit Hungersnöten und Naturkatastrophen in Verbindung gebracht, die besonders das Volk betrafen. Sonnenfinsternisse galten hingegen als Vorzeichen für schwierige Zeiten des Herrschers und damit des Landes. In den alten Kulturen in Babylon oder bei den Maya berechneten Priester den Termin von Finsternissen voraus, indem sie die Breite des Mondes kurz vor dem erwarteten Neumond beobachteten. Da das Volk Finsternisse fürchtete, erwartete man von den Priestern eine Vorwarnung vor deren Eintreten. In manchen Kulturen wurden beim Eintritt einer Finsternis Menschenopfer dargebracht, um sich vor den vermeintlich schädlichen Wirkungen des Schauspiels am Himmel zu schützen. So wurde beispielsweise im 7. Jh. v. Chr. in Akkad zum Schutz des Staatsoberhauptes ein Ersatz-Herrscherpaar eingesetzt, das 100 Tage regierte und dann als Menschenopfer dargebracht wurde. Auch einige römische Herrscher versuchten den möglichen Folgen von Finsternissen zu entkommen, indem sie ihre führenden Staatsdiener ermorden ließen. Für manche Herrscher wurden Finsternisse so zu Gelegenheiten, sich ihrer Feinde oder Konkurrenten zu entledigen.

Angesichts dieser Vorgeschichte, die auf den Finsternissen lastet, darf man sich nicht wundern, dass sie im Allgemeinen mit negativen und dunklen Wirkungen in Verbindung gebracht werden. Finsternisse sind jedoch besser als ihr Ruf, und – wie alle anderen Konstellationen auch – nicht einseitig positiv oder negativ in ihrer Auswirkung. Das vorliegende Buch erläutert das breite Wirkungsspektrum von Finsternissen an verschiedenen Beispielen und führt so in die Deutung dieses interessanten astrologischen Gebietes ein.

Was ist eine Finsternis?

Eine totale Finsternis ist ein für den Menschen mit bloßem Auge deutlich sichtbares Phänomen am Himmel. Während einer Mondfinsternis kann man beobachten, wie sich eine schwarze Scheibe langsam vor den Mond schiebt und ihn immer mehr verdeckt. Bei einer totalen Mondfinsternis wird der Mond zum Zeitpunkt der größten Verfinsterung vollkommen verdeckt und für kurze Zeit unsichtbar. Nach der vollständigen Verdunkelung wird das Mondlicht wieder sichtbar, während die schwarze Scheibe wie von Geisterhand gezogen langsam vor dem Mond verschwindet.

Die Beobachtung einer Sonnenfinsternis ist hingegen eine ganz andere Erfahrung. Die Sonne verdunkelt sich für den Beobachter nicht langsam, sondern sehr plötzlich. Man kann nicht mit bloßem Auge beobachten, wie eine schwarze Scheibe die kreisförmige Fläche der Sonne immer mehr abdeckt. Der Grund dafür ist die Helligkeit der Sonne. Erst kurz bevor die Sonnenscheibe vollständig abgedeckt ist, kann man die Verfinsterung der Sonne sehen. Plötzlich wird dann für ein paar Minuten der Tag zur Nacht, die Pflanzen schließen ihre Blüten, die Vögel werden still und die Sterne am Himmel werden sichtbar.

Ursache für die Verfinsterung der Sonne ist das Eintreten des Mondes in das Sichtfeld zwischen einem bestimmten Ort auf der Erde und der Sonne (siehe Abbildung). Der Mond verdeckt in diesem Fall die Sicht auf die Sonne und wirft einen Schatten auf den Ort des Beobachters auf der Erde.

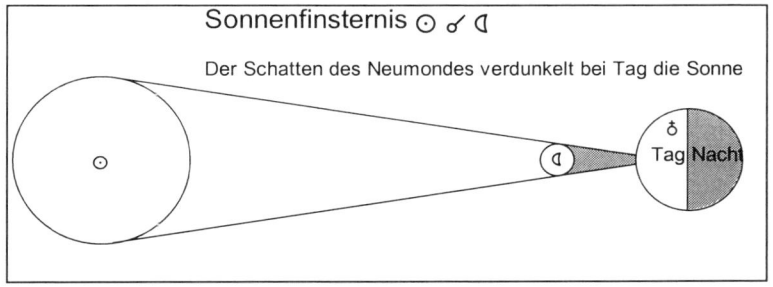

Schematisches Bild der Sonnenfinsternis

Voraussetzung für eine Sonnenfinsternis ist demnach, dass Mond und Sonne von der Erde aus gesehen in Konjunktion stehen. Folglich kann eine Sonnenfinsternis nur während eines Neumondes eintreten. Im Horoskop einer Sonnenfinsternis stehen daher Sonne und Mond immer in Konjunktion miteinander.

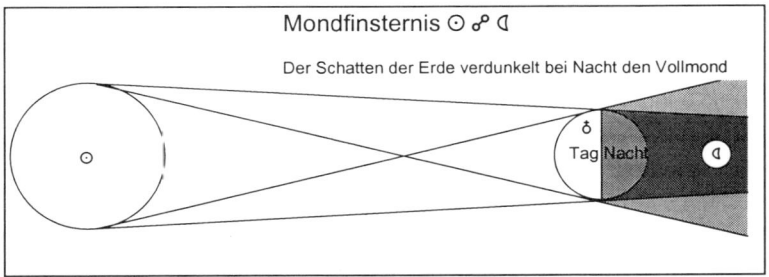

Schematisches Bild der Mondfinsternis

Wie bereits erwähnt sehen wir bei einer Mondfinsternis, wie sich langsam eine schwarze Scheibe vor den hellen Mond schiebt. Dieser schwarze Kreis ist der Schatten, den die Erde wirft. Der Mond leuchtet nicht aus sich heraus, sondern wird von der Sonne angestrahlt. Er reflektiert das Sonnenlicht. Wenn nun zwischen Sonne und Mond ein Körper (die Erde) tritt, steht der Mond in dessen Schatten und kann von der

11

Sonne nicht mehr bestrahlt werden (siehe Abbildung). Nur dann wird der Mond dunkel und unsichtbar. Dieser Körper muss so groß sein, dass sein Schatten den Mond vollständig bedeckt. Die Erde ist so groß, dass ihr Schatten den Mond bedecken kann, wenn sie zwischen Mond und Sonne tritt. Immer dann, wenn die Erde zwischen Mond und Sonne steht, haben wir Vollmond. Daher kann eine Mondfinsternis auch nur bei Vollmond auftreten. Im Horoskop sehen wir dann eine Opposition zwischen Sonne und Mond.

Zusammenfassend kann man festhalten, dass eine Finsternis immer durch eine Konstellation der drei Körper Sonne, Mond und Erde entsteht. In unserem Sonnensystem gibt es aber auch noch andere von der Erde aus sichtbare Körper, nämlich die Planeten Merkur, Venus, Mars, Jupiter und Saturn. Daher könnte es theoretisch auch Finsternisse mit Planeten geben. Stehen die sogenannten inneren Planeten Merkur oder Venus zwischen Erde und Sonne (wie der Mond bei einer Sonnenfinsternis), ergibt sich eine spezielle Art 'Sonnenfinsternis'. Die Sonne verfinstert sich nicht sichtbar, da Merkur und Venus im Verhältnis zur Sonne viel zu klein sind. Mit Fernrohr und Spezialvorrichtung lässt sich dieses Phänomen jedoch beobachten. In der Astronomie ist diese Erscheinung als Merkur-Durchgang bzw. Venus-Durchgang bekannt, wenn Merkur oder Venus vor der Sonne vorbeiwandern und dabei einen kleinen Schatten auf die Sonne werfen. Im Horoskop sehen wir in diesem Fall eine untere Konjunktion (Konjunktion während der Rückläufigkeit des Planeten) zwischen Sonne und Merkur bzw. zwischen Sonne und Venus. Da die Bahnen von Merkur und Venus gegen die Ekliptik geneigt sind, geschieht ein Durchgang vor der Sonne nicht bei jeder Konjunktion, sondern nur bei einer Konjunktion mit annähernd gleicher Breite von Sonne und Merkur bzw. Venus. Venus-Durchgänge sind ein recht seltenes Phänomen. Die letzten waren am 8.12.1874 und am 6.12.1882.

Die nächsten werden in den Jahren 2004 am 7. Juni und 2012 am 5. Juni sein. Merkur-Durchgänge ereignen sich häufiger als Venus-Durchgänge, und zwar durchschnittlich alle zehn Jahre. Der nächste wird am 15.11.1999 stattfinden. In den beiden folgenden Kapiteln werden die Finsternisse von Sonne und Mond im Hinblick auf die astronomischen Voraussetzungen und die verschiedenen Finsternistypen detailliert besprochen.

Sonnenfinsternisse

Obwohl ein Neumond unabdingbare Voraussetzung für eine Sonnenfinsternis ist, ereignet sich eine solche jedoch nicht jedes Mal, wenn der Mond in Konjunktion zur Sonne steht. Zusätzlich muss diese Konjunktion auch in die Nähe der Mondknotenachse fallen, und zwar innerhalb eines maximalen Orbis von 18°31'. Dieser Orbis schwankt in Abhängigkeit von der Erdnähe oder Erdferne der beteiligten Himmelskörper und liegt zwischen 15°21' und 18°31'. Der Orbis zwischen der Sonne/Mond-Konjunktion und der Mondknotenachse entscheidet auch darüber, ob eine partielle oder totale Finsternis vorliegt. Dabei gilt: Je größer der Orbis, desto kleiner die Verfinsterung. Die ringförmige (annulare) Sonnenfinsternis ist ein Sonderfall der totalen Sonnenfinsternis.

Sonnenfinsternis Typ	Ungefährer Orbis zwischen Neumond und Mondknoten	bei Erdnähe oder Erdferne des Mondes
Total	0° bis 11°15'	bei Erdnähe
Ringförmig	0° bis 11°15'	bei Erdferne
Partiell	bis 15°21'	bei Erdnähe
Partiell	bis 18°31'	bei Erdferne

13

Eine totale Sonnenfinsternis tritt immer dann auf, wenn der
Orbis zwischen Sonne und Mondknotenachse nicht größer
ist als 11°15' bei Erdnähe des Mondes. Der erdnahe Mond
steht in einer Entfernung von ca. 356.000 km von der Erde.
Er erscheint dem Auge dann 14% größer als in seiner erdfernen Position. Der erdferne Mond hat eine Distanz von
407.000 km zur Erde.

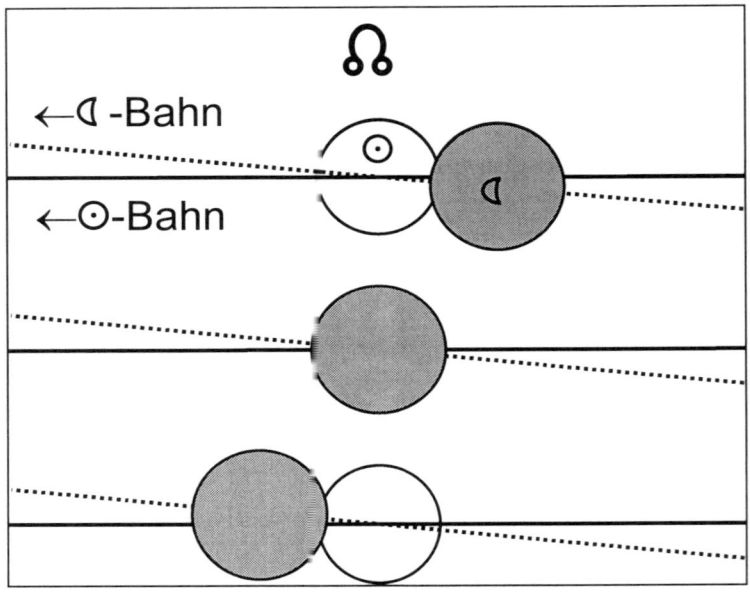

Schematische Abbildung einer totalen Sonnenfinsternis

Es kommt zu einer totalen Verfinsterung, sobald sich der
Mond in Erdnähe befindet. Dann erscheint der Mond von
der Erde aus gesehen so groß, dass er die Sonnenscheibe vollständig abdecken kann (siehe schematische Abbildung). In
der Abbildung stellt die durchgezogene waagerechte Linie die

Sonnenbahn dar, die gestrichelte Linie die etwas geneigte Mondbahn. Dort, wo sich die durchgezogene und die gestrichelte Linie kreuzen, befindet sich der Mondknoten. Im Falle einer totalen Sonnenfinsternis ist dieser Kreuzungspunkt, der Mondknoten, nahe bei der Sonne.

Ringförmige Sonnenfinsternis

Die ringförmige oder annulare Finsternis ist ein Sonderfall der totalen Finsternis. Sie hat im Hinblick auf die Größe des Orbis ähnliche Voraussetzungen wie die totale Sonnenfinsternis. Durch die größere Erdferne des Mondes entsteht aber die nur ringförmige Abdeckung der Sonnenscheibe. Der Mond ist so weit von der Erde entfernt, dass sein Mondschatten zu klein für eine vollständige Verfinsterung ist (siehe schematische Abbildung). Im Horoskop lässt sich die ringförmige von der totalen Sonnenfinsternis mit Hilfe der Position von Lilith unterscheiden, wobei mit Lilith nicht der gleichnamige Asteroid und auch nicht der vermeintliche zweite Erdtrabant gemeint ist, sondern das Apogäum der Mondbahn. Man kann Lilith also wie folgt beschreiben: Sie ist die Richtung des zweiten Brennpunktes der Mondbahnellipse (im ersten Brennpunkt steht die Erde) und sie zeigt die Richtung an, in der der Mond am weitesten von der Erde entfernt ist. Steht im Finsternishoroskop Lilith bis zu ungefähr 97° von Sonne und Mond entfernt, handelt es sich um eine ringförmige Sonnenfinsternis. Steht Lilith weiter als 97° von Sonne und Mond entfernt, handelt es sich um eine totale Sonnenfinsternis.

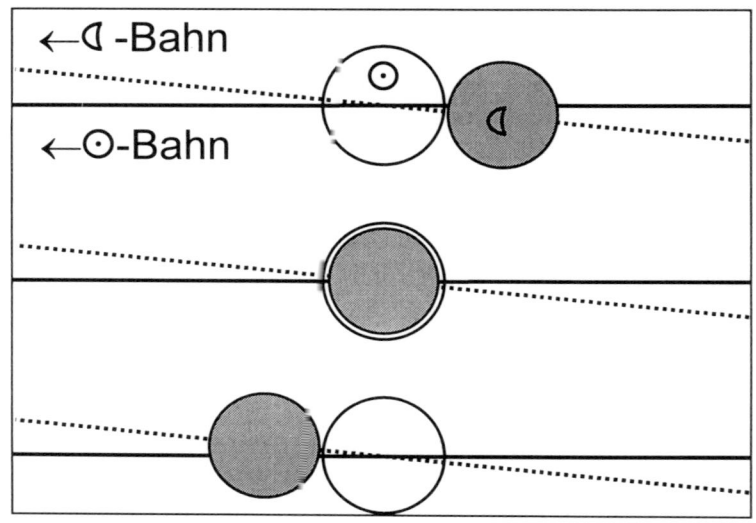

Schematische Abbildung einer ringförmigen Sonnenfinsternis

Partielle Sonnenfinsternis

Der dritte Typ ist die partielle Sonnenfinsternis. Sie ist ohne Hilfsmittel nicht sichtbar, da das Sonnenlicht so hell ist, dass die verfinsternde Mondscheibe einfach überstrahlt wird. Nur durch ein Fernrohr mit geschwärztem Glas kann man eine partielle Finsternis beobachten. Die Teilfinsternis entsteht dann, wenn die Konjunktion zwischen Sonne und Mond zwar in der Nähe der Mondknotenachse stattfindet, aber in einem zu weiten Orbis (Orbis weniger als 15°21' bei Erdferne des Mondes bzw. 18°31' bei Erdnähe des Mondes, aber mehr als 9°55' bei Erdferne bzw. nicht mehr als 11°15' bei Erdnähe des Mondes).

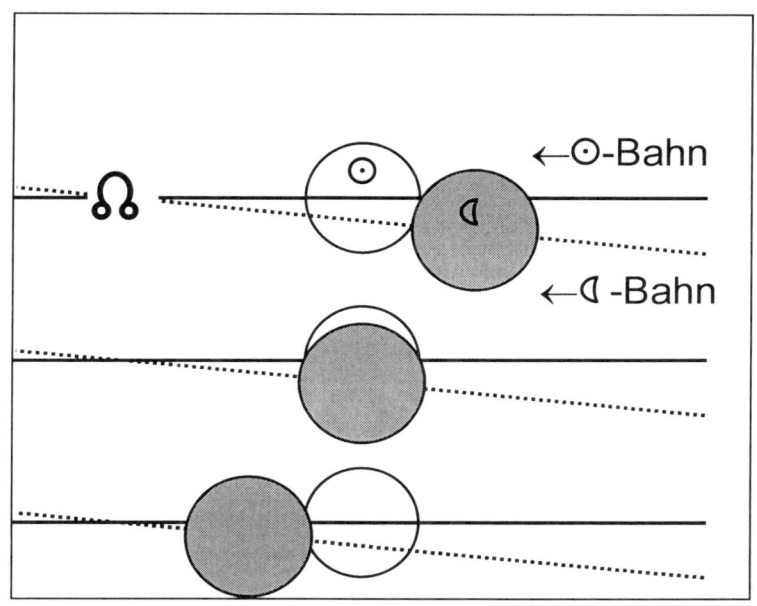

Schematische Abbildung einer partiellen Sonnenfinsternis

Die durchgezogene waagerechte Linie stellt wieder die Sonnenbahn dar, die gestrichelte Linie die Mondbahn. Dort, wo sich die beiden Linie kreuzen, befindet sich die Mondknotenachse. Da der Kreuzungspunkt der beiden Linien zu weit von der Sonnenposition entfernt ist, wird die Sonne durch den Mond nur teilweise verfinstert.

Mondfinsternisse

Eine Mondfinsternis kann nur während einer Vollmond-Konstellation auftreten, also nur während Sonne und Mond in Opposition zueinander stehen. Doch nicht bei jedem Vollmond kommt es zu einer Finsternis, sondern nur dann, wenn gleichzeitig eine Konjunktion zur Mondknotenachse bis zu einem Orbis von maximal 12°15' gebildet wird. Dieser Orbis schwankt – wie bei der Sonnenfinsternis auch – in Abhängigkeit von der Erdnähe oder Erdferne des Mondes. Bei einer Mondfinsternis liegt er zwischen 12°15' bei Erdnähe und 9°30' bei Erdferne des Mondes.

Mondfinsternis Typ	ungefährer Orbis zwischen Vollmond und Mondknoten	Bei Erdnähe oder Erdferne
Total	0° bis 3°34'	Bei Erdferne
Total	0° bis 6°	Bei Erdnähe
Partiell	bis 9°30'	Bei Erdferne
Partiell	bis 12°15'	Bei Erdnähe

Bei den Mondfinsternissen unterscheidet man, abhängig vom Orbis zwischen Mond und Mondknotenachse sowie der Erdferne des Mondes, zwischen einer totalen Finsternis, einer partiellen Finsternis oder einer Halbschatten-Finsternis (auch penumbrale Eklipse genannt).

Totale Mondfinsternis

Bei der totalen Verfinsterung des Mondes läuft der Mond in eine Position, bei der er in einer Linie mit Sonne und Erde steht. Die Erde steht vor dem Mond, so dass ihn das Sonnenlicht nicht mehr erhellen kann. Er wird vom Schatten der Erde verfinstert (siehe schematische Abbildung auf Seite 19). Eine totale Mondfinsternis tritt nur auf, wenn der Orbis zwischen Mond und Mondknotenachse nicht größer ist als 6° bei Erdnähe bzw. 3°34' bei Erdferne.

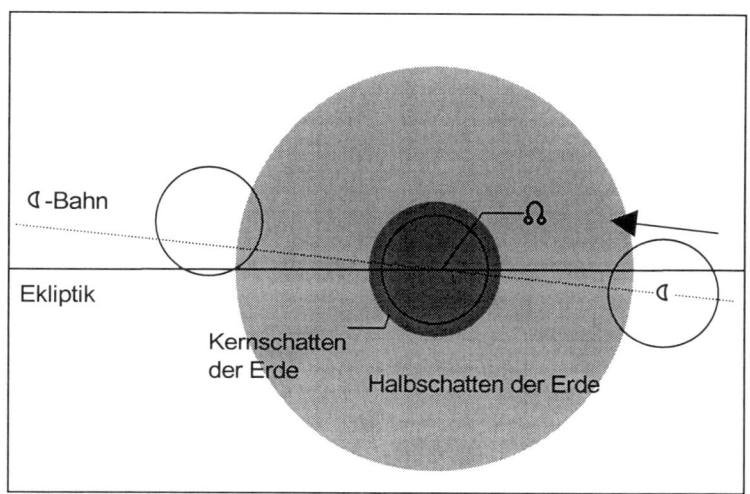

Totale Mondfinsternis

Die durchgezogene horizontale Linie markiert die Erdbahn, die gestrichelte Linie die geneigte Mondbahn. Einer der beiden Mondknoten befindet sich dort, wo sich Erdbahn und Mondbahn schneiden. Der dunklere kleine Kreis stellt den Kernschatten der Erde dar, der etwas hellere große Kreis den Halbschatten.

Partielle Mondfinsternis

Bei einer partiellen Mondfinsternis läuft der Mond zwar aus der Sicht der Sonne hinter der Erde vorbei, aber seine Bahn verläuft nicht auf derselben Höhe wie die Erde. Daher wird nur ein Teil der Mondscheibe durch den Kernschatten der Erde verdunkelt.

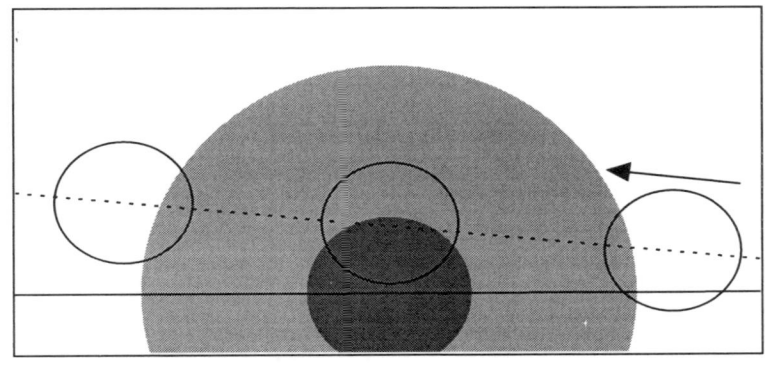

Schematische Abbildung einer partiellen Mondfinsternis

Halbschatten-Finsternis

Bei der Halbschatten-Finsternis läuft der Mond nicht in den Kernschatten der Erde, sondern nur in den Halbschatten. Daraus entsteht lediglich eine Lichtminderung des Mondes, er wird nicht schwarz.

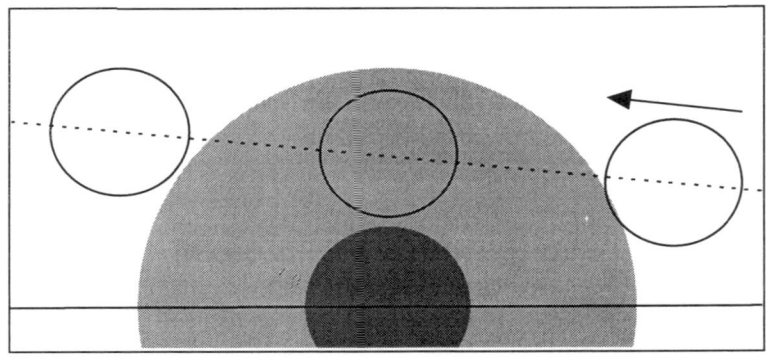

Schematische Abbildung einer Halbschatten-Finsternis

Zeitpunkt und Dauer einer Finsternis

Um mit Finsternissen astrologisch arbeiten zu können, ist es wichtig, sich zunächst über den astrologisch gültigen Zeitpunkt einer Finsternis und über die astrologische Bedeutung dieses Zeitpunktes einige Gedanken zu machen. Vergleicht man die Daten von Finsternissen in verschiedenen astrologischen und astronomischen Werken, entdeckt man teilweise beträchtliche Abweichungen bei der Uhrzeit. Die Abweichungen können bis zu 30 Zeitminuten betragen. Die Ursachen hierfür liegen in der Natur der Finsternisse; denn diese sind nicht einfach plötzlich da, sondern entwickeln sich während einer bestimmten Zeitspanne. Sie beginnen mit der ersten; kaum wahrnehmbaren Teilverfinsterung, verstärken sich dann bis zum Höhepunkt der Verfinsterung und nehmen langsam wieder ab. Dabei ist der Zeitpunkt der stärksten Verdunkelung nicht identisch mit der exakten Konjunktion oder Opposition zwischen Sonne und Mond. Als Beispiel für diesen Vorgang sind in der folgenden Tabelle die Daten der einzelnen Abschnitte in der Entwicklung einer Finsternis aufgelistet.

Für die Erstellung eines deutbaren Finsternishoroskopes muss sich der Astrologe für eine bestimmte Uhrzeit entscheiden. Manche Astrologen benutzen die Uhrzeit der stärksten Verfinsterung, manche den Beginn der Verfinsterung und einige geben die Uhrzeit der mit einer Finsternis einhergehenden Neumond- oder Vollmondkonstellation als signifikante Zeit an. Welcher Zeitpunkt ist nun astrologisch relevant? In den meisten überlieferten astrologischen Werken wird entweder der Moment der exakten Konjunktion bzw. Opposition zwischen Sonne und Mond, oder der *Zeitpunkt der größten Verfinsterung* verwendet.

Verlauf der totalen Sonnenfinsternis am 11. August 1999

Zeit(GMT)	Breite	Länge	Dauer	Phase
8:30				partiell
8:50				partiell
9:00				partiell
9:20				partiell
9:30				partiell
9:40	47N37	37W33	1.4	total
9:50	49N24	25W02	1.7	total
10:00	50N06	15W20	1.9	total
10:10	50N12	07W08	2.1	total
10:20	49N50	00E03	2.2	total
10:30	49N09	06E29	2.3	total
10:40	48N11	12E19	2.4	total
10:50	46N59	17E39	2.4	total
11:00	45N35	22E37	2.5	total
11:10	44N01	27E16	2.4	total
11:20	42N16	31E43	2.4	total
11:30	40N22	36E02	2.3	total
11:40	38N17	40E20	2.2	total
11:50	36N01	44E45	2.1	total
12:00	33N32	49E26	1.9	total
12:10	30N45	54E40	1.7	total
12:20	27N31	61E03	1.5	total
12:30	23N20	70E20	1.2	total
12:40				partiell
13:00				partiell
13:20				partiell
13:40				partiell

Dieser letztgenannte Zeitpunkt der stärksten Verfinsterung erscheint vor allem hinsichtlich der Regeln für die Wirkungsstärke einer Finsternis logisch. Die alten Astrologen, insbesondere Ptolemäus und Lilly, benutzten zwar für die Erstellung des Finsternishoroskops den Zeitpunkt der Konjunktion oder Opposition der beiden Lichter, verfolgten aber für ihre astrologische Deutung die Entwicklung einer Finsternis über mehrere Stunden parallel zum Horoskop und den Häuserstellungen. Dabei wurde in die Deutung miteinbezogen, in welchem Haus eine Finsternis begann, in welchem Haus die größte Verfinsterung stattfand und in welchem Haus sie wieder verschwand.

Wie häufig treten Finsternisse auf?

In jedem Jahr treten durchschnittlich vier oder fünf Finsternisse auf. Sonnenfinsternisse fallen immer in die Nähe des Zeitpunktes, an dem die laufende Sonne über einen der beiden Mondknoten transitiert, also etwa zweimal im Jahr. Manchmal gibt es bis zu vier Sonnenfinsternisse in einem Jahr. Mondfinsternisse erscheinen in der Regel etwa zwei Wochen vor oder nach einer Sonnenfinsternis. Es gibt jedoch auch Jahre, in denen es zu keiner Mondfinsternis kommt, und Jahre mit bis zu drei Mondfinsternissen.

Bei so vielen Finsternissen ist deren Einteilung in bedeutende und weniger bedeutende sehr wichtig. Ein ausschlaggebendes Kriterium ist dabei die Stärke der Verfinsterung. So wirkt eine totale Finsternis stärker als eine partielle.

Zyklen der Finsternisse

Finsternisse bilden ganz spezielle eigene Zyklen. Da sie immer im Zusammenhang mit der Mondknotenachse auftreten, ist ein wichtiger Zyklus der Umlauf der Mondknotenachse durch den Tierkreis innerhalb von 18 Jahren und 8 Monaten. In der folgenden Tabelle sind einige Zyklen aufgelistet, die im Zusammenhang mit Finsternissen von Bedeutung sind.

Sonne-, Mond- und Mondknoten-Zyklen

Der tropische Mondknotenumlauf ist ganz einfach der Zyklus der Mondknotenachse durch den Tierkreis innerhalb von 18 Jahren und 8 Monaten. Die Position der Mondknotenachse bestimmt den ungefähren Ort im Tierkreis, wo Finsternisse stattfinden können.

tropischer Mondknoten-umlauf	☊ ☌ ♈	$6702.2785^d =$ 18.5966^a
tropischer Sonnen-umlauf	☉ ☌ ♈	$365^d5^h48'46''$
drakonischer Sonnen-umlauf	☉ ☌ ☊	$364^d14^h 52' 48''$
drakonischer Mond-umlauf	☽ ☌ ☊	$27^d5^h5'35.8''$
anomalistischer Mond-umlauf	☽ ☌ ♀	$27^d13^h 18' 33.1''$
synodischer Mondum-lauf	☽ ☌ ☉	$29^d12^h 44' 02.8''$

Der tropische Sonnenumlauf bezeichnet die Dauer eines Erdenjahres bzw. die Dauer eines Umlaufes der Sonne durch den Tierkreis. Der drakonische Sonnenumlauf (drakonisch bedeutet vom Drachen bzw. Mondknoten kommend) ist die Zeitdauer, die zwischen zwei Konjunktionen der Sonne mit einem Mondknoten vergeht: z.B. der Zeitraum einer Sonne Konjunktion mit dem aufsteigenden Mondknoten bis zu deren nächster Konjunktion.

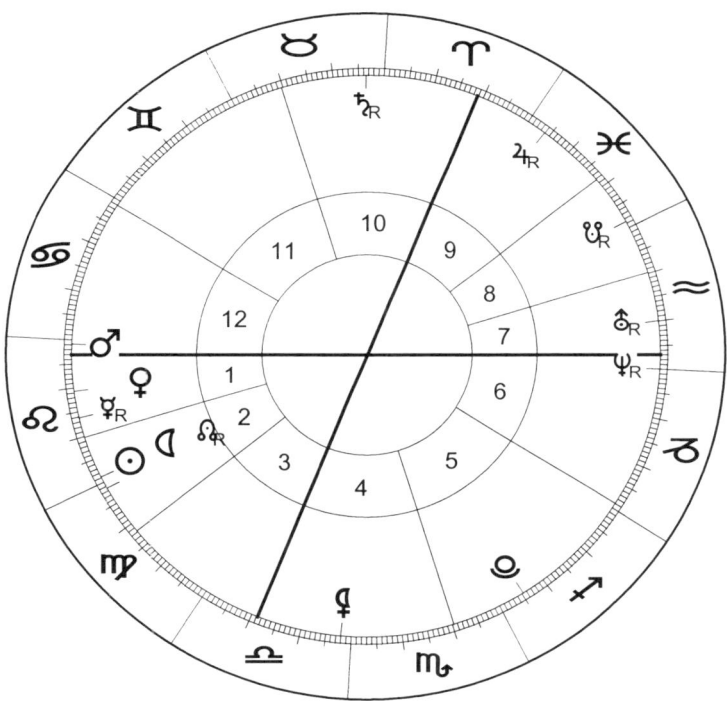

Sonnenfinsternis, 22.8.1998, Frankfurt am Main

Aus dem anomalistischen Mondumlauf, messbar am Zyklus der Konjunktionen von Mond und Lilith, kann man die Erdferne bzw. Erdnähe des Mondes ablesen. Dies ist für die Bestimmung des Finsternistyps wichtig, um z.B. eine ringförmige Sonnenfinsternis von einer totalen Sonnenfinsternis

25

unterscheiden zu können. Hat man in einem Geburtsbild die Position von Lilith angegeben, kann man ohne weitere Hilfsmittel aus dem Horoskop direkt den Finsternistyp bestimmen. Steht Lilith weniger als 97° vom Mond entfernt, handelt es sich um eine ringförmige Sonnenfinsternis. Steht Lilith mehr als 97° vom Mond entfernt, ist die Sonnenfinsternis total. Sehen wir uns dies an einem Beispiel an (siehe Abbildung vorangehende Seite). Das erste Kriterium für eine Sonnenfinsternis ist eine Neumondkonstellation. Eine Konjunktion zwischen Sonne und Mond liegt bei diesem Horoskop vom 22.8.1998 vor. Das zweite Kriterium ist eine Konjunktion dieses Neumondes mit der Mondknotenachse. Sonne und Mondknoten sind hier knapp 3° voneinander entfernt. Es handelt sich also um eine sehr enge Konjunktion. Folglich kann dies nur eine totale oder ringförmige Sonnenfinsternis sein. Lilith befindet sich auf 28° Waage und damit weniger als 97° vom Mond entfernt. Dies zeigt uns, dass der Mond relativ erdfern steht Diese Sonnenfinsternis ist dementsprechend ringförmig.

Der letzte Punkt in der Tabelle der Zyklen betrifft den synodischen Mondumlauf. Dieser ist der Zyklus zwischen zwei Vollmonden, also zwischen einer Mond/Sonne-Konjunktion und der nächsten darauf folgenden Konjunktion von Mond und Sonne.

Metonische Periode und Meton-Zyklus

Meton, ein antiker griechischer Wissenschaftler, fand einen Zyklus von 19 Jahren für die Wiederkehr von Finsternissen unter bestimmten Bedingungen heraus. Sonne und Mond stehen dabei wieder (annähernd) auf derselben Tierkreisposition, doch der Mondknoten befindet sich etwa 8° neben der Position, auf der er vor 19 Jahren stand. Durch diese Verschiebung des Mondknotens um ca. 8° pro Meton-Periode und die Orbisgrenze für Finsternisse von ca. 18° zu beiden Seiten der Mondknotenachse (also insgesamt 36°), ist die Anzahl der Wiederholungen einer Meton-Periode auf vier bis fünf Erscheinungen begrenzt.

Metonische Periode	19 Jahre	Differenz ☊ : 8°
19 tropische Sonnenjahre	6939^d 14^h 27'	Differenz 2^h 4'
235 synodische Monate	6939^d 16^h 31'	

Fasst man die vier oder fünf Wiederholungen der Meton-Periode zusammen, so ergibt sich ein eigener Zyklus. Dieser Meton-Zyklus umspannt je nach Anzahl der Einzelglieder einen Zeitraum von 76 oder 95 Jahren. Ein solcher Zyklus beginnt und endet mit partiellen Finsternissen, während in der Mitte des Meton-Zyklus ringförmige oder totale Finsternisse erscheinen.

Nehmen wir beispielsweise als Ausgangspunkt für die Untersuchung eines Meton-Zyklus die totale Sonnenfinsternis vom *26. Februar 1998* auf knapp 8° Fische. Da diese Finsternis eine totale ist, können wir daraus ableiten, dass sie zeitlich in der Mitte eines Meton-Zyklus angesiedelt ist. Exakt 19 Jahre früher, am *26. Februar 1979*, hat es ebenfalls auf knapp 8° Fische eine Sonnenfinsternis gegeben. Noch einmal 19 Jahre früher, am 26.2.1960, gab es jedoch keine Finsternis auf diesem Grad. Der Meton-Zyklus beginnt also demnach mit der Finsternis am 26.2.1979. Gehen wir vom 26.2.1998 aus 19 Jahre in die Zukunft zum *26. Februar 2017*, dann finden wir eine ringförmige Sonnenfinsternis auf 8° Fische. Noch einmal 19 Jahre später, am *27. Februar 2036*, erkennen wir eine partielle Sonnenfinsternis auf 8° Fische. Im Jahr 2055 findet an diesem Tag keine Sonnenfinsternis mehr statt. Der vorliegende Meton-Zyklus umfasst also insgesamt vier Finsternisse zwischen 1979 und 2036, die im Abstand von 19 Jahren auf den Tierkreisgrad 8° Fische fallen.

Für die astrologische Deutung ist der Meton-Zyklus wichtig, weil der Tierkreisgrad der Finsternis vier bis fünfmal im Abstand von 19 Jahren durch eine weitere Finsternis aufgefrischt wird. Dem betroffenen Grad wird also mehrmals eine Finsternis aufgeprägt. Da diese Prägung einzelner Tierkreisgrade in der astrologischen Deutungspraxis eine nicht zu unterschätzende Bedeutung hat, sind die zum gegenwärtigen Zeitpunkt aktiven Meton-Zyklen der Sonnenfinsternisse im Anhang nach Tierkreisgrad sortiert aufgelistet.

Saros-Periode und Saros-Zyklus

Ein viel größerer Zyklus im Zusammenhang mit den Finsternissen ist der sogenannte Saros-Zyklus. Die bereits im Altertum bekannte Periode umfasst einen Zeitraum von 18 Jahren 10 Tagen und 8 Stunden. Sie beschreibt die Wiederkehr der nahezu gleichen *gegenseitigen* Lage zwischen Sonne, Mond und Mondknotenachse. Die Zyklen, die ungefähr die Dauer einer Saros-Periode haben, sind in der folgenden Tabelle aufgelistet.

Saros-Periode		18^a 11^d 7^h 42'	Differenz
19	Drakonische Sonnenumläufe	6585.780^d	-
242	Drakonische Mondumläufe	6585.357^d	10^h 9'
223	Synodische Mondumläufe	6585.321^d	11^h 0'
239	Anomalistische Mondumläufe	6585.540^d	5^h 46'

Alle 18 Jahre findet also eine Sonnenfinsternis unter fast gleichen Umständen statt. Eine Saros-Periode ist ungefähr genauso lang wie 19 drakonische Sonnenumläufe (Sonne und Mondknoten bilden alle 346,620 Tage eine Konjunktion). Die kleine Differenz zwischen einer Saros-Periode und 19 drakonischen Sonnenumläufen beträgt etwa ½ Tag, und führt dazu, dass sich die Sonne/Mond-Konjunktionen der Finsternisse innerhalb einer Saros-Periode ein klein wenig gegen die Mondknotenachse verschieben. Die Verschiebung beträgt 0.48° und geht in ost-westlicher Richtung.

Dadurch verschieben sich die Sonnenfinsternisse allmählich durch den gesamten Orbisbereich der Mondknotenachse; sie beginnen als kleine, gerade noch partielle Finsternisse, entwickeln sich zu totalen mit dem Höhepunkt bei der Finsternis mit der engsten Mondknotenkonjunktion und verschwinden langsam wieder. Der Saros-Zyklus wird durch eine letzte partielle Finsternis beendet. Jede einzelne Finsternis ist so das Glied einer ganz bestimmten Saros-Kette. Durch die zyklische Wiederkehr werden folglich Beginn, Höhepunkt und Ende eines Saros-Zyklus erfasst.

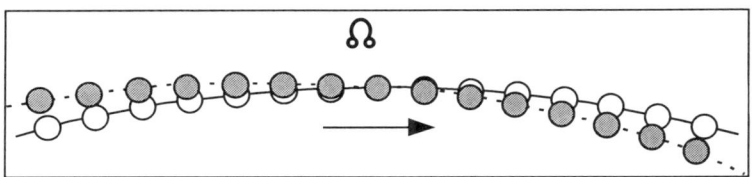

Saros-Zyklus mit Finsternissen am Nordknoten

In der schematischen Darstellung wird der Ablauf eines Saros-Zyklus mit Finsternissen am Nordknoten illustriert. In der Mitte kann man die totale Finsternis an der exakten Überschneidung gut erkennen. In der unteren Darstellung ist der Ablauf eines Saros-Zyklus mit Finsternissen am Südknoten dargestellt.

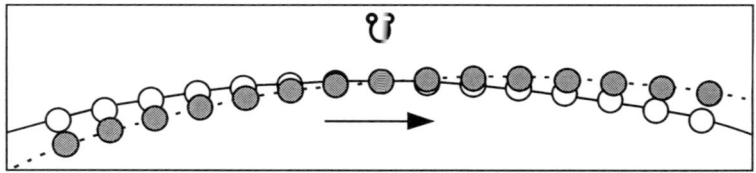

Saros-Zyklus mit Finsternissen am Südknoten

Der Höhepunkt eines Saros-Zyklus ist die totale Finsternis, die in engster Konjunktion mit der Mondknotenachse steht. Der gesamte Saros-Zyklus einer Mondfinsternis besteht aus ungefähr 48-49 Mondfinsternissen und umschliesst einen Zeitraum von etwa 865 Jahren. Bei dieser zeitlichen Ausdehnung des Zyklus befinden wir uns bereits in historischen Dimensionen und die Auswirkungen dieses Zyklus auf ein einzelnes menschliches Leben sind daher schwer einzuschätzen. Einen noch größeren Zeitraum umfasst der Saros-Zyklus für Sonnenfinsternisse. Er besteht aus 68-75 Sonnenfinsternissen und erstreckt sich über etwa 1260 Jahre.

Für die astrologische Deutung des Saros-Zyklus liegt es nahe, einen inhaltlichen Zusammenhang zwischen seinen einzelnen Gliedern zu vermuten. Da schon die zeitliche Dimension dieses Zyklus so weit in die Geschichte reicht, sollten sich vor allem Astrologen mit historischem Interesse an dessen Erforschung wagen. Für die Auswirkungen im persönlichen Leben eines Menschen und für die alltägliche astrologische Praxis hat der Saros-Zyklus nur insofern größere Bedeutung, als die Höhepunktfinsternis in der Mitte eines Saros-Zyklus besonders stark wirksam ist.

Für weitere Forschungen ist in der Finsternistabelle im Anhang die Zugehörigkeit jeder Finsternis zu ihrem Saros-Zyklus vermerkt.

Die Deutung von Finsternissen

Nachdem in den vorherigen Kapiteln die technischen Grundlagen der Finsternisse besprochen wurden, komme ich nun zum astrologischen Teil: der Deutung. Die Technik der Deutung von Finsternissen geht auf die früheste überlieferte astrologische Publikation zu diesem Thema zurück, das zweite Buch der TETRABIBLOS von Ptolemäus. Nahezu alle Autoren, die sich nach Ptolemäus mit den Finsternissen befasst haben, bauen auf seinen Deutungsansätzen auf und ergänzen diese entsprechend ihrer eigenen Erfahrung. Zunächst einige einfache Grundregeln zur Deutung von Finsternissen:

- Sonnenfinsternisse wirken im Allgemeinen stärker und auffälliger als Mondfinsternisse. Das mag daran liegen, dass sich die Wirkung von Sonnenfinsternissen offensichtlicher und in konkreten äußeren Ereignissen zeigt.
- Je stärker die Verfinsterung, desto stärker wird die Wirkung einer Finsternis sein.
- Je mehr Planeten durch starke Aspekte zusätzlich an der Finsternis beteiligt sind, desto länger und stärker wird diese wirksam sein.
- Der wichtigste Punkt, der bei einer Finsternis beachtet werden muss, ist der Tierkreisgrad, auf dem das verfinsterte Licht (Sonne oder Mond) steht. Dieser Grad wird im Folgenden als *Finsternisgrad* bezeichnet.

Finsternisse sind als astrologisches Phänomen eine Art Zwitter zwischen einer zyklischen Erscheinung und einem Horoskop. Daher ist die Deutung von Finsternissen dementsprechend vielschichtig. Neben dem zyklischen Zusammenhang werden sie beispielsweise in der Mundanastrologie auch als Einzelhoroskop betrachtet oder in der Individualastrologie in Verbindung mit Radixhoroskopen untersucht. Das wichtigste Element für ihre Deutung ist der Finsternisgrad mit den ihn begleitenden Konstellationen.

Die qualitative Wirkung von Finsternissen lässt sich mit derjenigen von Pluto vergleichen. Man könnte fast sagen, dass Finsternisse in ihrer Wirkung für die antiken und mittelalterlichen Astrologen die Funktion des damals noch unentdeckten Planeten Pluto erfüllt haben. Im Gegensatz zu der häufig vertretenen Meinung, dass Finsternisse immer negativ seien, habe ich bei meinen Untersuchungen die Beobachtung gemacht, dass Finsternisse in erster Linie sehr kraftvoll, intensiv und transformierend wirken, und zwar im angenehmen (positiven) wie im unangenehmen (negativen) Sinne. Ebenso wie bei Pluto-Auslösungen können Ereignisse, die mit Finsternis-Konstellationen in Zusammenhang stehen, sowohl schicksalhafte Tragödien als auch große Erfolgsgeschichten sein. Beiden gemeinsam ist, dass das Pendel des Schicksals weit, oft auch extrem ausschlägt.

Zur Illustration des bisher Gesagten werde ich im Folgenden zwei Beispiele besprechen: Das ICE-Zugunglück von Eschede zeigt die tragische Seite einer Finsterniswirkung. Der Übergang von der konstitutionellen Monarchie zum Parlamentarismus im Deutschen Reich weist auf den aus gesellschaftlicher Sicht positiven transformierenden Einfluss.

Das Zugunglück von Eschede

Im Juni 1998 ereignete sich in Deutschland die größte Zugkatastrophe seit über 30 Jahren. Der betroffene ICE 884, ein Hochgeschwindigkeitszug mit dem Namen 'Wilhelm Conrad Röntgen', befand sich auf seiner üblichen Strecke von München nach Hamburg. In München war der Zug am 3.Juni 1998 um 5:47 Uhr fahrplanmäßig gestartet. Auf dem Strekkenabschnitt zwischen Hannover und Hamburg, in der Nähe des kleinen Ortes Eschede, entgleiste einer der vorderen Waggons bei einer Geschwindigkeit von 200 km/h und prallte frontal gegen einen Brückenpfeiler. Die Brücke stürzte auf einige Waggons des Zuges; alle nachfolgenden Waggons schoben sich wie eine Ziehharmonika zusammen und verkeilten sich ineinander. Innerhalb weniger Minuten waren Hilfskräfte am Ort des Geschehens; später wurden die Notfallteams durch Einheiten der Bundeswehr, des Bundesgrenzschutzes und der britischen Armee unterstützt. In Hannover fand zur gleichen Zeit 'zufällig' ein Unfallchirurgen-Kongress statt und in Celle eine ökumenische Tagung. Die Teilnehmer dieser Tagungen unterstützten sofort tatkräftig die Hilfsmaßnahmen. So konnten viele Menschen gerettet werden. Trotzdem starben 101 Menschen bei oder infolge des Unglückes und 300 Personen wurden zum Teil schwer verletzt. Die spätere Untersuchung ergab als Unglücksursache einen Radbruch beim dritten Waggon, der sich bereits 7 km vor der Unfallstelle ereignet hatte, und auch für die Passagiere des Zuges deutlich spür- bzw. hörbar gewesen war. Außerdem verstellte sich aus bisher ungeklärter Ursache eine Weiche, während die ersten Wagen des Zuges über diese fuhren.

Soweit die Fakten. Die astrologische Analyse dieser Katastrophe steht in engem Zusammenhang mit der vorangegangenen totalen Sonnenfinsternis. Am 26. Februar 1998 um 17:37 Uhr GMT gab es eine totale Sonnenfinsternis. Diese war in Deutschland nicht sichtbar, da sie erst nach Sonnenuntergang eintrat. Und doch entfaltete sich die Wirkung dieser Finsternis an einem deutschen Zug mit deutschen Passagieren. Diesen Punkt betone ich an dieser Stelle deshalb, weil laut Ptolemäus eine Finsternis nur dann wirken soll, wenn sie an dem betreffenden Ort auch sichtbar war.

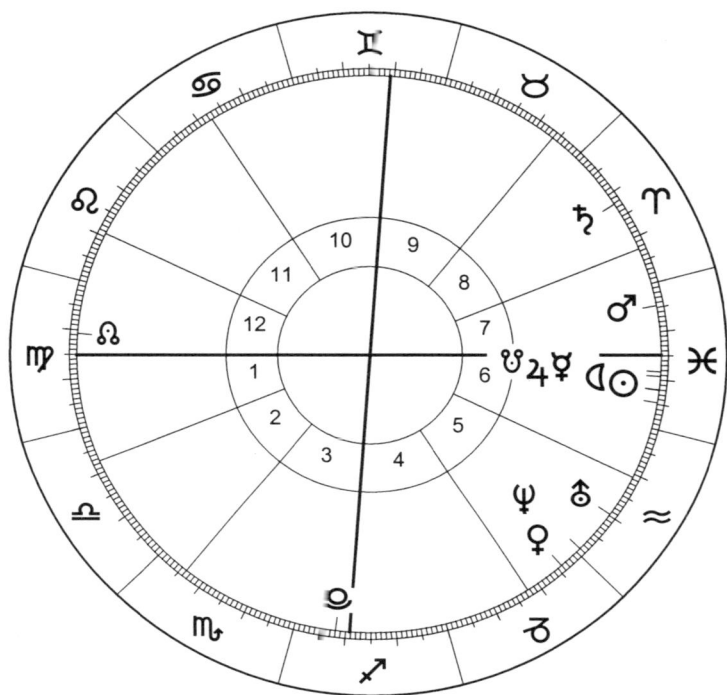

Sonnenfinsternis, 2.2.1998, 17:37, Frankfurt am Main*

Da ich mich schon seit längerer Zeit mit der Erforschung der
Wirkung von Finsternissen befasste, hatte ich die Sonnenfinsternis im Februar bereits kurz vor ihrem Eintreten untersucht und eine Prognose hinsichtlich eines Verkehrsunglück-
es in der ersten Juni-Woche 1998 gemacht. Folgende Überle-
gungen führten mich zu dieser Prognose.

Der Finsternisgrad ist auf knapp 8° in den Fischen. In der
Nähe befinden sich außerdem Merkur und Jupiter, wobei
Merkur mit dem absteigenden Mondknoten in Konjunktion
steht. Auffällig ist zudem das Quadrat von Pluto auf den Finsternisgrad und damit auch zu Merkur und Jupiter. Betrach-

34

tet man die Position Merkurs in diesem Finsternishoroskop, so zeigt sich kein besonders positives Bild. Merkur ist in den Fischen im Fall und auf dem absteigenden Mondknoten; er steht in Verbrennung und erhält ein Quadrat von Pluto. Alle Aspekte auf den Finsternisgrad verstärken die Wirkung einer Finsternis. Da Merkur in einer unmittelbaren und aus der Sicht Merkurs ungünstigen Weise an diesem Stellium beteiligt ist, dachte ich sofort an Unfälle im Verkehrs- und Transportwesen. Nun interessierte mich vor allem, wann genau mit dem Eintreffen dieser Wirkungen zu rechnen sei. Für die zeitliche Bestimmung der Finsterniswirkungen gibt es einige Konzepte, auf die an anderen Stellen in diesem Buch näher eingegangen wird. Die in meiner Praxis bewährteste Methode sind Transite über den Finsternisgrad. Daher untersuchte ich die Transite im Zeitraum zwischen 26.2.1998 und 22.8.1998, dem Datum der nächsten Sonnenfinsternis. Aus dem Horoskop ist bereits ersichtlich, dass in diesem zeitlichen Abschnitt die Langsamläufer Jupiter und Pluto über den Finsternispunkt transitieren werden, wobei Jupiter eine Konjunktion bildet und Pluto ein Quadrat. Von den schneller laufenden Planeten wird die Venus in Konjunktion zum Finsternispunkt wandern, und Merkur, Sonne und Mars werden von den Zwillingen aus ins Quadrat zum Finsternispunkt gehen.

Transite zum Finsternisgrad auf 8° Fische:

09.03.1998	Jupiter Konjunktion Finsternispunkt
03.04.1998	Pluto Quadrat Finsternispunkt
13.04.1998	Venus Konjunktion Finsternispunkt
29.05.1998	Sonne Quadrat Finsternispunkt
04.06.1998	Mars Quadrat Finsternispunkt
05.06.1998	Merkur Quadrat Finsternispunkt
01.07.1998	Venus Quadrat Finsternispunkt

Um den wahrscheinlichsten Zeitpunkt für ein Ereignis im Bereich Transport und Verkehr zu bestimmen, ging ich die Liste der Transite durch. Lang-samläufer sind als taggenaue Auslöser nur dann geeignet, wenn gleichzeitig ein Schnellläufer einen Übergang macht oder wenn sie einen Aspekt erhalten. Jupiter läuft aber ganz alleine über den Finsternisgrad. Das Gleiche gilt für den Pluto-Transit. Doch die kurz aufeinander folgenden Transite von Mars und Merkur über das Quadrat des Finsternisgrades bedeuten, dass Mars und Merkur in der Nähe des Finsternisgrades bald eine Konjunktion bilden werden. Also sah ich in der Ephemeride nach, auf welchem Grad sich Mars und Merkur exakt treffen würden: Am 5. Juni 1998 auf 8°43' in den Zwillingen. Abgesehen davon, dass eine Konjunktion transitierender Faktoren ein sehr starker Auslöser für Ereignisse ist, fand diese Konjunktion zwischen Merkur und Mars mit einem gewissen Orbis auch noch in Opposition zum laufenden Pluto sowie im Quadrat zur laufenden Mondknotenachse statt, was die Gesamtkonstellation noch etwas verschärfte. Auch ohne Einbeziehung der Finsternis deutet eine mundane Merkur/Mars/Pluto-Konstellation auf Unfälle im Bereich Transport und Verkehr hin. Doch die Konjunktion fand im Quadrat zum aktuellen Finsternisgrad statt und außerdem in der Nähe des violenten Fixsterns Aldebaran. Dass sich die Konjunktion im Tierkreiszeichen Zwillinge befindet, rundet das Gesamtbild ab.

Folgende Faktoren hatte ich zusammengetragen:

- Finsternisgrad (26. Februar 1998) auf knapp 8° Fische.
- Finsternisgrad steht zum Zeitpunkt der Finsternis in Konjunktion mit dem schwer beschädigten Merkur am absteigenden Mondknoten Quadrat Pluto.
- Auslösung der Finsterniswirkung durch eine transitierende Konjunktion von Mars und Merkur (5. Juni 1998) in den Zwillingen in der Nähe des Fixsterns

Aldebaran und in Opposition zu Pluto sowie Quadrat Mondknotenachse und Finsternisgrad (ein Hinweis auf die erste Juniwoche).

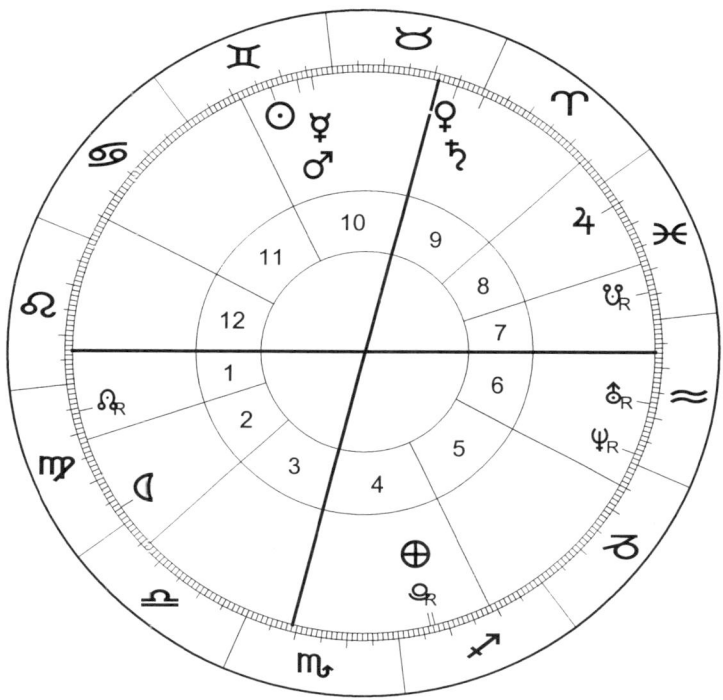

ICE Zugunglück, 3.6.1998, 10:59, Eschede

Und so schloss ich aus den gegebenen Faktoren, dass wohl in der ersten Juniwoche ein markantes Ereignis bzw. eine Unfall im Bereich Transport und Verkehr passieren würde. Danach unternahm ich zunächst keine weiteren Versuche mehr, die Prognose noch zu präzisieren und dabei etwa zu klären, welcher Typ von Transportmittel, in welchem Land, an welchem Tag etc. von einem derartigen Ereignis betroffen sein könnte. Als sich dann am 3. Juni 1998 das schwere Zugunglück bei Eschede ereignete, setzte ich meine Untersuchungen fort. Zunächst wurden die Horoskope auf den exakten Zeitpunkt des Ereignisses und auf den Augenblick der Abfahrt ces Zuges aus seinem Heimatbahnhof München berechnet. Ich erkannte den Zusammenhang mit der letzten totalen Sonnenfinsternis vom 26.2.1998 und erinnerte mich an meine Prognose. Der Pars fortuna (der sogenannte Glückspunkt) befand sich zum Zeitpunkt des Unglücks auf 7°25' Schütze, also nahezu exakt im Quadrat mit dem Finsternisgrad bzw. in Konjunktion mit dem laufenden Pluto und somit war diese Konjunktion auf die Minute genau der Auslöser des Unglücks.

Meiner Beobachtung nach sind exakte Hauptachsenkontakte sehr häufig die Auslöser für größere Unglücke und Ereignisse. Wenn keine Verbindung zu den Hauptachsen vorhanden ist, liegt fast immer ein exakter Bezug zum Pars fortuna vor, der sich aus dem Aszendenten und dem Abstand zwischen Mond und Sonne errechnet. Der Glückspunkt bewegt sich also mit etwa der gleichen Geschwindigkeit durch den Tierkreis wie der laufende Aszendent.

Eine weitere auffällige Konstellation ist die Opposition zwischen Jupiter und dem sehr schnell laufenden Mond. Im Abfahrtshoroskop fehlen nur noch 40 Bogenminuten bis diese Opposition exakt ist. Zum Zeitpunkt des Unglückes ist die Opposition aber bereits Vergangenheit.

Untersucht man dieses Abfahrtshoroskop entsprechend der Elektionsregeln, dann entdeckt man darin einige problematische Konstellationen. Der Zug als Ganzes und die Fahrgäste als eine Schicksalsgemeinschaft innerhalb des Zuges werden vom Aszendenten und dem Herrscher des 1. Hauses repräsentiert. Der Herrscher des 1. Hauses (Merkur) läuft in eine applikative Konjunktion mit Mars und beendet damit einen Zyklus. Normalerweise ist dabei nur der letzte Grad des Zyklus sehr gefährlich. Merkur und Mars werden sich aber erst in mehr als 3° treffen, was üblicherweise keine extrem gefährliche Konstellation darstellt.

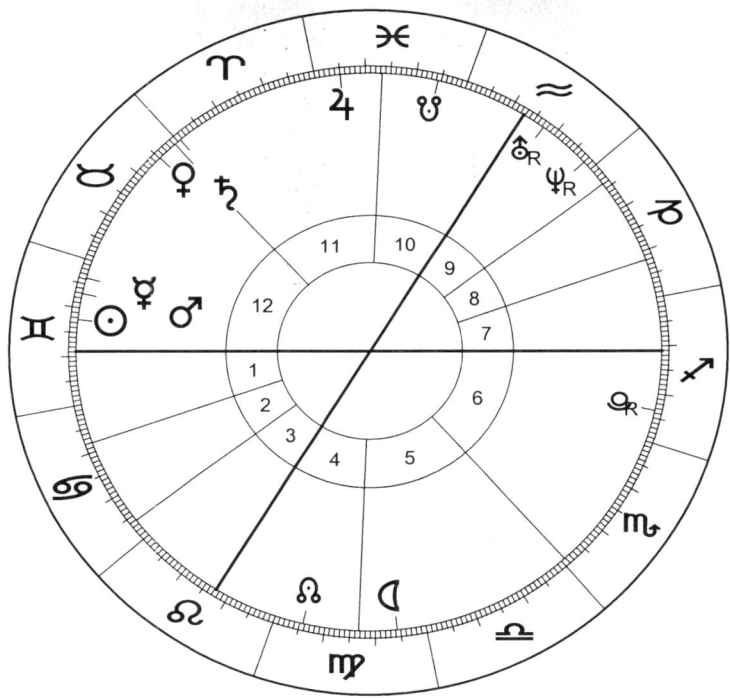

Abfahrt Zugunglück, 3.6.1998, 5:47, München

Doch wir müssen immer auch die übrigen Zusammenhänge am Himmel in Betracht ziehen; und zwar besonders die Konstellationen, die mit dieser Konjunktion eine Verbindung haben. Da wäre zunächst die Opposition zu Pluto und das Quadrat zur Mondknotenachse zu nennen. Diese Aspekte verschärfen die Situation, so dass auch bereits bei einem größeren Orbis der applikativen Konjunktion Gefahr im

Verzug ist. Der Mond als Kosignifikator für die Reisenden steht unmittelbar vor einer exakten Opposition zu Jupiter. Saturn als Herrscher des 9. Hauses repräsentiert die Reise bzw. die Fahrt. Saturn befindet sich ebenfalls am Ende eines Zyklus oder Lebensabschrittes, da er sich auf dem letzten Grad eines Tierkreiszeichens und damit unmittelbar vor dem Wechsel in ein neues Zeichen befindet.

Diese Konstellationen lassen darauf schließen, dass bald (Mond/Jupiter-Opposition) etwas passieren wird, wobei für viele Beteiligte ein Lebensabschnitt zu Ende gehen wird (Ende des Merkur/Mars-Zyklus und Saturn auf 29° Widder). Durch den Bezug dieser laufenden Konstellationen zur letzten totalen Sonnenfinsternis ist das Ereignis einschneidend und bringt eine starke und transformierende Wirkung.

Die Medien berichteten ausführlich über die Katastrophe von Eschede. Dabei wurde auch bekannt, dass der Zug den Namen 'Wilhelm Conrad Röntgen' trug. Ich fragte mich, ob das Unglück auch im Horoskop von Röntgen sichtbar sein würde. Die Zusammenhänge, die zwischen dem Horoskop von Röntgen, den laufenden Transiten und den fälligen Direktionen bestehen, sind überwältigend. Fast jeder Planet ist von akuten Auslösungen betroffen.

Im Rahmen dieses Buches steht jedoch die Wirkung von Finsternissen im Vordergrund. Wie sich Finsternisse auf Radixhoroskope auswirken, ist anhand des Geburtsbildes von Conrad Röntgen sehr gut nachvollziehbar. Der Finsternisgrad der totalen Sonnenfinsternis vom 26. Februar 1998 auf knapp 8° im Zeichen Fische fällt ins Quadrat zur MC/IC-Achse des Röntgen-Horoskopes. Die auslösende Merkur/Mars-Kon-junktion am Unfalltag steht dabei exakt auf dem MC (öffentliche Wirkung) des Horoskops von Conrad Röntgen. Dies zeigt deutlich, dass Horoskope von Namenspaten einen Einfluss haben. Die gleichen astrologischen Zusammenhänge finden sich auch beim Untergang der 'Bismarck' mit dem Horoskop des Namenspaten.

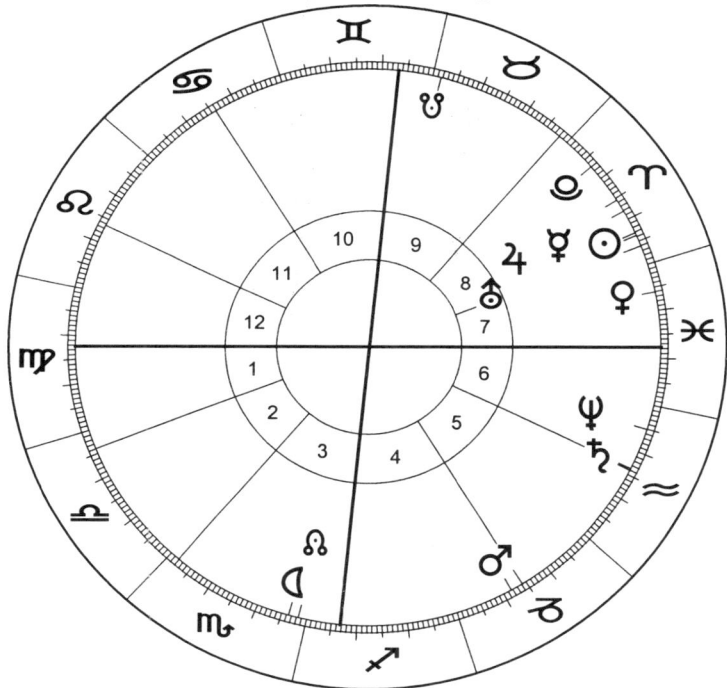

Conrad Wilhelm Röntgen, 27.3.1845, 16:00, Lennep

Doch nicht nur das Radixhoroskop von Conrad Röntgen zeigt die Wirkung einer Finsternis auf ein Geburtsbild deutlich. In den Horoskopen von Opfern des Zugunglücks von Eschede erwartete ich ebenfalls auffällige Planetenbesetzungen in Aspektbeziehung zum Finsternisgrad auf 8° Fische. Ein am 26.2.1926 geborenes Opfer hatte eine Fische-Sonne auf 7°–8°. Ein am 1.7.1964 geborener Passagier hatte ein T-Quadrat bestehend aus Saturn auf 5° Fische, Uranus auf 7° Jungfrau und Mars auf 10° Zwillinge. Ein am 23.12.1988 geborener Fahrgast hatte die Mondknotenachse auf 8° Fische-Jungfrau und die Venus auf 7° Schütze. Ein weiteres Opfer, das am 11.10.1994 geboren wurde, hatte Saturn auf 6,5° Fische. Nimmt man die Spiegelpunkte hinzu, ergeben sich noch einige zusätzliche Konstellationen, die mit dem Finsternisgrad in Verbindung stehen. Die aufgezählten Beispiele sind keine Auswahl, denn ich konnte nur diese vier Daten von Opfern recherchieren und alle vier haben im Horoskop einen wichtigen Bezug zum Finsternisgrad.

Damit möchte ich aber keineswegs behaupten, dass jeder, der auf 8° Fische wichtige Konstellationen hat, während der Zeit der Wirksamkeit dieser Finsternis sterben müsste oder einen schlimmen Unfall erleiden wird. Dazu sind immer mehrere Faktoren notwendig. Nur sind bei einem solchen Zusammenhang außergewöhnliche Ereignisse sehr wahrscheinlich. Bei unserem nächsten Fallbeispiel werden wir sehen, dass sich Finsternisse durchaus nicht immer nur auf der dunklen Seite des Lebens auswirken müssen.

Von der Monarchie zum Parlamentarismus

Der Wechsel zur Regierungsform des Parlamentarismus im Jahre 1918 gehört in der deutschen politischen Geschichte zu den wichtigsten und prägendsten Ereignissen auf dem Weg zur modernen Demokratie. Die Abdankung des deutschen Kaisers infolge des verlorenen Ersten Weltkriegs bedeutete für die herrschende Schicht große Umstellungen und Machtverlust, doch langfristig gesehen war das am 28. Oktober 1918 beschlossene verfassungsändernde Gesetz, das den Übergang zum parlamentarischen Regierungssystem darstellte, der Beginn des Weges zur demokratischen Staatsform und der damit verbundenen Freiheit und Chancengleichheit für die verschiedenen gesellschaftlichen Schichten.

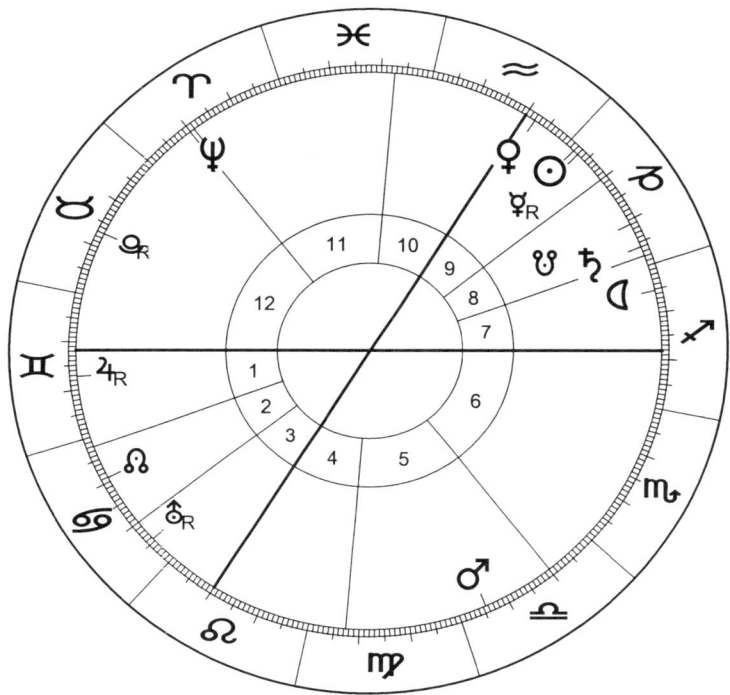

Kaiserreich Deutschland, 18.1.1871, 13:00, Versailles

Für einen Astrologen stellt sich sofort die Frage: Wie spiegelt sich dieses so wichtige historische Datum im Horoskop von Deutschland wider? Das von mir verwendete Deutschland-Horoskop basiert auf der Kaiserproklamation von Wilhelm I. im Spiegelsaal von Versailles. Obwohl faktisch bereits zum 1. Januar 1871 Deutschlands Existenz als einheitlicher Staat begonnen hatte, symbolisiert doch der Zeitpunkt der Proklamation des Kaisers den Höhepunkt im Vereinigungsprozess von Deutschland.

43

Dieses Horoskop funktioniert gut im Zusammenhang mit den wichtigsten geschichtlichen Ereignissen. Man kann es als Mutter aller Deutschland-Horoskope betrachten, da die Hauptachsen aller Folgehoroskope immer wieder auf wichtige Positionen dieses Urhoroskopes fallen. Ferner sind 12° Zwillinge und 12° Wassermann Tierkreisgrade, die sich auch in den Horoskopen der Weimarer Republik, des Dritten Reichs, der BRD und der DDR sowie im Wiedervereinigungshoroskop abbilden.

Doch nicht nur in Mundanhoroskopen, die verschiedene geschichtliche Abschnitte Deutschlands markieren, findet man die Wiederkehr der Hauptachsen auf 12° Zwillinge/Schütze und 12° Wassermann/Löwe. Auch die Horoskope herausragender Herrscher und Politiker haben Planeten in diesen Gradbereichen: Der Jupiter von Kaiser Wilhelm II. steht beispielsweise auf 12° Zwillinge, und auch der Jupiter des ehemaligen Bundeskanzlers Helmut Kohl steht auf 12° Zwillinge; Bismarcks Saturn kommt auf 10° Wassermann zu stehen und Konrad Adenauers Venus befindet sich ebenfalls auf 10° Wassermann.

Kehren wir nun zu unserer eigentlichen Untersuchungsgegenstand zurück. Im Zusammenhang mit den Ereignissen vom 28. Oktober 1918 betrachten wir die letzte davor liegende totale Sonnenfinsternis am 8. Juni 1918.

Der Finsternisgrad fällt auf exakt 17°16' Zwillinge. Der Jupiter im 1. Haus des Deutschland-Horoskopes steht auf exakt 17°16' Zwillinge. Der Finsternisgrad befindet sich also auf die Bogenminute genau auf Deutschlands Jupiter! Eine solche Exaktheit kommt selten vor und ist dementsprechend bedeutungsvoll, wenn sie tatsächlich eintritt. Da alle Planeten, die im 1. Haus eines Horoskopes stehen, den Menschen bzw. das Land als Ganzes mitrepräsentieren, ist dieser Jupiter für Deutschland sehr signifikant.

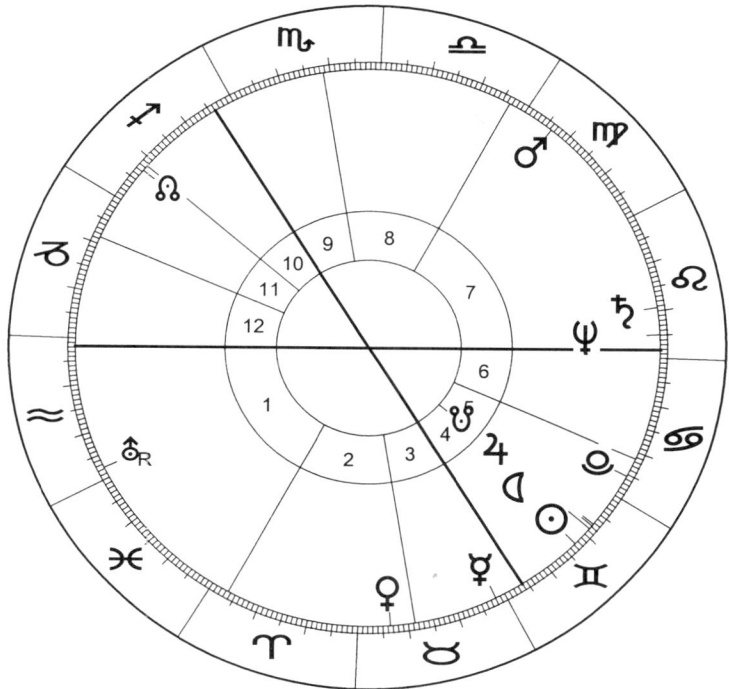

Sonnenfinsternis, 8.6.1918, Berlin

Aus dem sehr exakten Bezug zwischen dem Finsternisgrad und dem Jupiter des Deutschland-Horoskopes allein ist bereits die für Deutschland herausragende Zeitqualität während der Wirkungszeit dieser Finsternis ersichtlich. Um jedoch die für die Gesellschaft des Landes so weitreichende Veränderung noch deutlicher zu sehen, müssen wir etwas tiefer in die zeitlichen Muster des Deutschland-Horoskops einsteigen.

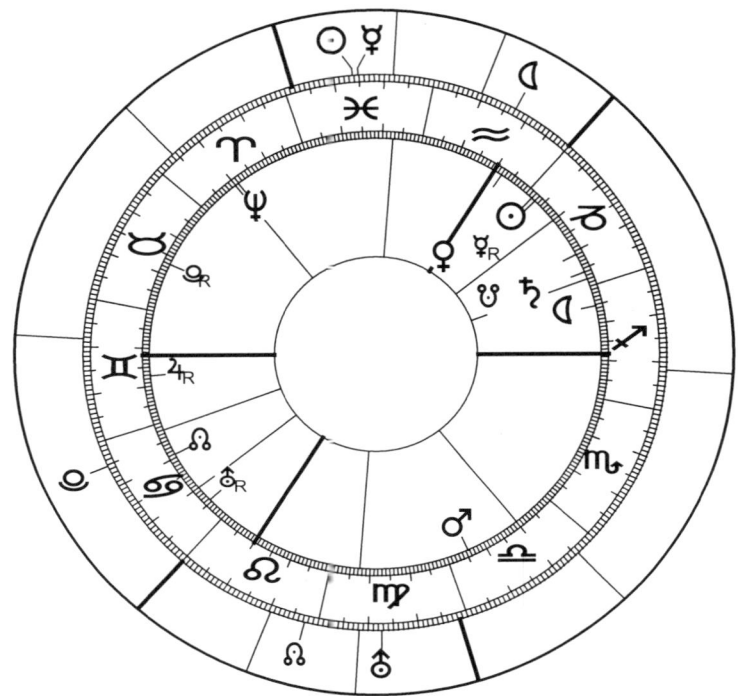

Innen: Kaiserreich Deutschland, außen: Sonnenbogen

Zu diesem Zweck werfen wir einen Blick auf die Sonnenbo-
gendirektionen am 28.10.1918. Die wichtigsten Faktoren in
einem Horoskop sind zweifellos der Herrscher des Aszendenten und die Sonne. Beide stehen im Deutschland-
Horoskop Ende Steinbock auf 27° und 28°. Vorgeschoben
stehen Sonne und Merkur auf 16° bzw. 17° Fische im Quadrat zum Jupiter im 1. Haus und damit auch im Quadrat
zum aktuellen Finsternisgrad. Diese Konstellationen werden
durch den laufenden Mars, der am 28.10.1998 auf 19° Schütze stand, akut ausgelöst. Über die Finsterniswirkung hinaus
deuten auch noch andere dirigierte Faktoren tendenziell auf

einen größeren Wandel hin, wie aus der Abbildung zu entnehmen ist. An diesem Beispiel wird deutlich, dass eine Finsternis nicht zwangsläufig negative Ergebnisse bringen muss, sondern sehr positive Veränderungen herbeiführen kann.

Systematische Deutung von Finsternissen

In diesem Teil des Buches werden die Methoden zur Deutung von Finsternissen ausführlich und systematisch besprochen. Ausgehend von den alten Deutungsquellen werden verschiedene Gesichtspunkte der Finsternisse beleuchtet; so zum Beispiel die Frage der Wirkungsstärke einer Finsternis, an welchen Orten sie wirkt, die Wirkungsdauer, zu welchem Zeitpunkt exakt mit der Wirkung einer Finsternis zu rechnen ist und welche Art von Ereignissen zu erwarten sind. Außerdem werden an dieser Stelle auch die für die Deutung notwendigen technischen Grundlagen erläutert, wie zum Beispiel der Finsternisgrad oder der Herrscher der Finsternis.

Textquellen

In unserer heutigen Zeit ist die Deutung von Finsternissen in der astrologischen Praxis fast in Vergessenheit geraten. Auf der Suche nach Deutungskonzepten muss man deshalb zwangsläufig auf alte Überlieferungen zurückgreifen. Die Urquelle aller Abhandlungen zum Thema 'Finsternisse' ist das zweite Buch der TETRABIBLOS von Ptolemäus. Wie schon erwähnt, berufen sich fast alle Astrologen, die sich im Laufe der Jahrhunderte mit dem Thema der Finsternisse oder Eklipsen befasst haben, auf diese Schrift. Sein Werk TETRABIBLOS gilt als Bibel und Grundwerk der westlichen Astrologie und Ptolemäus wird als Astrologe angesehen, der zu seiner Zeit alle verfügbaren astrologischen Deutungskonzepte zusammentrug, nach Brauchbarkeit sortierte, um dann die seiner Ansicht nach wertvollen Überlieferungen für die Nachwelt zu bewahren. Jedoch war Ptolemäus kein praktizierender Astrologe. Seine in den TETRABIBLOS vorgestellten astrologischen Erkenntnisse entstammen eben der Lektüre der zu seiner Zeit vorhandenen Literatur sowie theoretischen Erwägungen und *nicht* den Erfahrungen einer astrologischen Praxis. Folglich dürfen wir die von ihm angeführten Methoden nicht ungeprüft übernehmen.

Ganz anders dagegen sind die Abhandlungen von Lilly einzuordnen, der von 1602 bis 1681 in England lebte. William Lilly war ein echter Praktiker. Nur was sich in der Praxis bzw. in der konkreten Prognose bewährte, wurde von ihm angewandt. In seinem Buch ANNUS TENEBROSUS (1652) beschreibt er seine Methode der Finsternisdeutung und demonstriert diese anhand mehrerer prognostischer Beispiele. Er beruft sich auch auf Ptolemäus, aber er ergänzt die Überlieferung mit erfrischend pragmatischen Deutungsmethoden.

Eine sehr interessante Abhandlung über Finsternisse wurde etwa 100 Jahre vor Lilly verfasst und stammt von Junctinus: DE SOLIS ET LUNAE ECLYPSIBUS TRACTATUS (Abhandlung über die Sonnen- und Mondfinsternisse). Junctinus lehnt sich stark an Ptolemäus an, hat jedoch leider keine Beispiele in seinem Traktat. Neben den bereits genannten Hauptquellen gibt es noch eine Reihe von Astrologen, die sich unter anderem mit Finsternissen befasst und in ihren Werken einige Hinweise zur Deutung gegeben haben. Einige dieser Bücher und Aufsätze sind im Anhang in der Literaturliste enthalten.

Für Ptolemäus sind Finsternisse die wichtigste Methode, um mundanastrologische Prognosen zu erstellen. Eine Finsternis ist für ihn ein Sonderfall unter den Lunationen (Vollmond- und Neumondhoroskope). Seine Bemerkungen über

Finsternisse beginnt er mit folgendem Satz: „*Bei Sonnen- oder Mondfinsternissen ... ziehen wir die Stelle des Zodiakus, bei der die Verfinsterung eintritt ... in den Gesichtskreis unserer Betrachtung.*" (Tetrabiblos, Mössingen 1995, S. 99).

Die Stelle des Zodiak, bei der die Verfinsterung eintritt, ist entweder der Tierkreisgrad des Mondes bei einer Mondfinsternis, oder der Tierkreisgrad der Sonne bei einer Sonnenfinsternis. Dieser Punkt ist folglich identisch mit dem bereits erwähnten Finsternispunkt bzw. Finsternisgrad, der sich auf dem Tierkreisgrad der Konjunktion bzw. Opposition der Lichter befindet. Von diesem Finsternispunkt gehen alle weiteren Untersuchungen aus. Sehr wichtig für die astrologische Beurteilung ist nach Ptolemäus der Herrscher der Finsternis, sprich der Herrscher über den Finsternisgrad. Dieser Herrscher ist nicht immer der Herrscher über das Tierkreiszeichen, in das der Finsternisgrad fällt. Ptolemäus nimmt als Finsternisherrscher den Almuten des Finsternisgrades. Der Almuten wird für jeden einzelnen Tierkreisgrad ermittelt und ist der Planet, der auf einem bestimmten Tierkreisgrad die meisten Würden auf sich vereinigt. Berücksichtigt werden die Würde des Domizils, der Exaltation (Erhöhung), der Triplizität, das Dekanat und die Grenzen (Termini). Eine genaue Auflistung der Almutene für jeden Tierkreisgrad ist weiter unten angeführt. Ptolemäus benutzt in der Regel den Almuten über den Finsternisgrad als Herrscher der Finsternis. Allerdings gibt es zusätzlich einige Ausnahmen und Sonderregeln, die im nachfolgenden Kapitel über den Herrscher der Finsternis ausführlich behandelt werden.

Um Finsternisse zu deuten ist es häufig notwendig, ein Horoskop zu erstellen, und für dessen Berechnung benötigt man eine exakte Uhrzeit und einen genauen Ort. Die Frage nach der Wahl des Ortes ist einfach zu beantworten; man nimmt den Ort, für den man die Wirkung einer Finsternis bestimmen möchte, also beispielsweise die Stadt, in der man wohnt, oder die Hauptstadt eines Landes, über das man mehr wissen möchte. Die Frage der exakten Uhrzeit ist schon ein schwierigeres Kapitel. Eine Finsternis tritt nämlich nicht einfach plötzlich auf, sondern entwickelt sich über einen Zeitraum von mehreren Stunden hinweg. Deshalb streiten sich die Gelehrten um die genaue Uhrzeit, die für ein Finsternishoroskop verwendet werden sollte. Im Allgemeinen wird ein Zeitpunkt nahe der stärksten Verfinsterung verwendet. Die Abweichung kann dann nur ein paar Zeitminuten betragen. Es gibt auch Astrologen, die das Horoskop auf die stärkste Verfinsterung oder auf den Beginn der einsetzenden Verfinsterung berechnen, und Astrologen, die als Zeitpunkt das Eintreten der exakten Konjunktion zwischen Sonne und Mond, bzw. bei einer Mondfinsternis das Eintreten der exakten Opposition zwischen Sonne und Mond benutzen. Ich bevorzuge den Augenblick der stärksten Verfinsterung und berechne das Finsternishoroskop auf diesen Zeitpunkt. Im Anhang befindet sich eine Liste aller Finsternisse von 1950 bis 2050 mit der Uhrzeitangabe der stärksten Verfinsterung.

Bestimmung des Finsternisherrschers

Im Folgenden ist die Ermittlung des Finsternisherrschers nach den Regeln von Ptolemäus beschrieben. Demnach ist derjenige Planet Herrscher einer Finsternis, der die meisten Würden auf dem Finsternisgrad hat. Dieser Planet wird auch Almuten genannt. Wir kennen die Tierkreiszeichen als Domizile der Planeten. Jupiter beherrscht zum Beispiel traditionell die Tierkreiszeichen Schütze und Fische. Im Zusammenhang mit Finsternissen arbeite ich übrigens ausschließlich mit den *traditionellen Herrschern* (z.B. Jupiter herrscht über die Fische, Saturn über den Wassermann, Mars über den Skorpion). Das Domizil ist eine wichtige Würde, aber es gibt auch noch die Würden der Erhöhung, Triplizität, Dekanate und Grenzen mit ihren jeweiligen Herrschern. Ein Planet bekommt als Herrscher des Domizils, der Erhöhung, der Triplizität, eines Dekanates oder einer Grenze eine bestimmte Anzahl von Punkten. Der Planet, der die meisten Punkte auf einem Tierkreisgrad hat, ist der Almuten. Der Triplizitätsherrscher wird in Abhängigkeit eines Tag- oder Nachthoroskopes bestimmt. Deshalb können sich unterschiedliche Almutene bei Tag und Nacht ergeben. Im Anschluss an dieses Kapitel ist eine Tabelle der Almutene für jeden Tierkreisgrad bei Tag und Nacht abgedruckt.

Zuerst wird also der Almuten des Finsternisgrades bestimmt. Danach wird der Herrscher des der Finsternis folgenden Eckhauszeichens bestimmt. Ist dieser Planet mit dem Almuten des Finsternisgrades identisch, ist er Herrscher der Finsternis. Gibt es aber keinen Planeten, der gleichzeitig Herrscher der Finsternis *und* des Eckhauses ist, so ist der Herrscher der Finsternis wichtiger. Der andere Planet gilt dann als Nebenherrscher.

Eine Ausnahme von dieser Regel gibt es dann, wenn ein Planet einen sehr engen Aspektbezug zur Finsternis hat. Dann ist dieser Planet Herrscher der Finsternis.

Übersicht Almutene (Herrscher)

Tabelle für Tag-Horoskope

	♈	♉	♊	♋	♌	♍	♎	♏	♐	♑	♒	♓
0	☉	♀	☿	☾♂	☉	☿	♄	♂	♃	♄♀	♄	♀
1	☉	♀	☿	☾♂	☉	☿	♄	♂	♃	♄♀	♄	♀
2	☉	♀	☿	☾♂	☉	☿	♄	♂	♃	♄♀	♄	♀
3	☉	♀	☿	☾♂	☉	☿	♄	♂	♃	♄♀	♄	♀
4	☉	♀	☿	☾♂	☉	☿	♄	♂	♃	♄♀	♄	♀
5	☉	♀	☿	☾♂	☉	☿	♄	♂	♃	♄♀	♄	♀

6	☉	♀	☿	♃	☉	☿	♀♄	♂	♃	♄	♄	♀
7	☉	♀	☿	♃	☉	☿	♀♄	♂	♃	♄	♄	♀
8	☉	♀	☿	♃	☉	☿	♀♄	♂	♃	♄	♄	♃
9	☉	♀	☿	♃	☉	☿	♀♄	♂	♃	♄	♄	♃
10	☉	♀	☿	♃	☉	☿	♄	♂	♃	♂♄	♄	♃
11	☉	♀	☿	♃	☉	☿	♄	♂	♃	♂♄	♄	♃
12	☉	♀	☿	♃	☉	☿	♄	♂	♃	♂♄	♄	♃
13	☉	♀	☿	☾	☉	☿	♄	♂	♃	♂♄	♄	♃
14	☉	♀	☿	☾	☉	☿	♄	♂	♃	♂♄	♄	♃
15	☉	♀	☿	☾	☉	☿	♄	♂	♃	♂♄	♄	♃
16	☉	♀	☿	☾	☉	☿	♄	♂	♃	♂♄	♄	♃
17	☉	♀	☿	☾	☉	☿	♄	♂	♃	♂♄	♄	♃
18	☉	♀	☿	☾	☉	☿	♄	♂	♃	♂♄	♄	♃
19	☉	♀	☿	☾	☉	☿	♄	♂	♃	♂	♄	♃
20	☉	♀	☿	☾	☉	☿	♄	♂	♃	♂	♄	♂
21	☉♂	♀	☿♄	☾	☉	☿	♄	♂	♃	♂	♄	♂
22	☉♂	♀	☿♄	☾	☉	☿	♄	♂	♃	♂	♄	♂
23	☉♂	♀	☿♄	☾	☉	☿	♄	♂	♃	♂	♄	♂
24	☉♂	♀	☿♄	☾	☉	☿	♄	♂	♃	♂	♄	♂
25	☉♂	♀	☿	☾	☉	☿	♄	♂	♃	♄	♄	♂
26	☉	♀	☿	☾	☉	☿	♄	♂	♃	♄	♄	♃
27	☉	♀	☿	☾	☉	☿	♄	♂	♃	♄	♄	♃
28	☉	♀	☿	☾	☉	☿	♄	♂	♃	♄	♄	♃
29	☉	♀	☿	☾	☉	☿	♄	♂	♃	♄	♄	♃

Tabelle für Nacht-Horoskope

	♈	♉	♊	♋	♌	♍	♎	♏	♐	♑	♒	♓
0	♂	♀☾	☿	☾♂	☉	☿	♄	♂	♃	♄	♄	♀
1	♂	♀☾	☿	☾♂	☉	☿	♄	♂	♃	♄	♄	♀
2	♂	♀☾	☿	☾♂	☉	☿	♄	♂	♃	♄	♄	♀
3	♂	♀☾	☿	☾♂	☉	☿	♄	♂	♃	♄	♄	♀
4	♂	♀☾	☿	☾♂	☉	☿	♄	♂	♃	♄	♄	♀

5	♂	♀☾	☿	☾♂	☉	☿	♄	♂	♃	♄	♄	♀
6	♂	♀☾	☿	♃	☉	☿	♀	♂	♃	♄	♄	♀
7	♂	♀☾	☿	♃	☉	☿	♀	♂	♃	♄	♄	♀
8	♂	☾	☿	♃	☉	☿	♀	♂	♃	♄	♄	♃
9	♂	☾	☿	♃	☉	☿	♀	♂	♃	♄	♄	♃
10	♂☉	☾	☿	♃	☉	☿	♀	♂	♃	♂♄	♄	♃
11	♂☉	☾	☿	♃	☉	☿	♀♄	♂	♃	♂♄	♄	♃
12	♂☉	☾	☿	♃	☉	☿	♀♄	♂	♃	♂♄	♄	♃
13	♂☉	☾	☿	☾	☉	☿	♀♄	♂	♃	♂♄	♄	♃
14	♂☉	☾	☿	☾	☉	☿	♀♄	♂	♃	♂♄	♄	♃
15	♂☉	☾	☿	☾	☉	☿	♀♄	♂	♃	♂♄	♄	♃
16	♂☉	☾	☿	☾	☉	☿	♀♄	♂	♃	♂♄	♄	♃
17	♂☉	☾	☿	☾	☉	☿	♀♄	♂	♃	♂♄	♄	♃
18	♂☉	☾	☿	☾	☉	☿	♀♄	♂	♃	♂♄	♄	♃
19	♂☉	☾	☿	☾	♃	☿	♀☿♄	♂	♃	♂	♄	♃
20	♂	☾	☿	☾	☉♃	☿	☿♀	♂	♃	♂	♄	♂
21	♂	☾	☿	☾	☉♃	☿	☿♀	♂	♃	♂	♄	♂
22	♂	☾	☿	☾	☉♃	☿	☿♀	♂	♃	♂	♄	♂
23	♂	☾	☿	☾	☉♃	☿	☿♀	♂	♃	♂	♄	♂
24	♂	☾	☿	☾	☉♃	☿	♀	♂	♃	♂	♄	♂
25	♂	☾	☿	☾	☉	☿	♀	♂	♃	♄	♄	♂
26	♂	☾	☿	☾	☉	☿	♀	♂	♃	♄	♄	♃
27	♂	☾	☿	☾	☉	☿	♀	♂	♃	♄	♄	♃
28	♂	☾	☿	☾	☉	☿	♀	♂	♃	♄	♄	♃
29	♂	☾	☿	☾	☉	☿	♀	♂	♃	♄	♄	♃

Bestimmung der Wirkungsstärke einer Finsternis

Bei vier bis fünf Finsternissen pro Jahr und einer verwirrenden Vielfalt von Unterscheidungsmöglichkeiten (z.B. Mond- oder Sonnenfinsternisse; partielle und totale Finsternisse;

sichtbare oder unsichtbare Finsternisse; Finsternisse am Nord- oder Südknoten; etc.) ist es wichtig, durch ganz klare Regeln die Bedeutung und Wirksamkeit einer Finsternis bestimmen zu können. Manche Finsternisse sind so außergewöhnlich, dass sie bereits Jahre im Voraus wirken. Manche äußern sich so schwach, dass man fast keine spürbaren Folgen feststellen kann.

Sonnen- oder Mondfinsternis. Zunächst einmal gibt es eine grundsätzliche Unterscheidung in der Wirkung von Sonnen- und Mondfinsternissen. Sonnenfinsternisse wirken stärker und die Wirkungsdauer ist länger. Es mag sein, dass dieser Eindruck vor allem dadurch entsteht, dass Sonnenfinsternisse sehr offensichtliche und in der Außenwelt sichtbare Ergebnisse in Form von konkreten Ereignissen zeitigen, während Mondfinsternisse mehr auf die Psyche oder das Unterbewusste Einfluss nehmen. Im Vergleich zwischen Sonnen- und Mondfinsternissen macht sich prinzipiell die Verfinsterung der Sonne stärker bemerkbar, aber eine totale Mondfinsternis kann in manchen seltenen Fällen und unter ganz bestimmten Umständen stärkere Folgen als eine partielle Sonnenfinsternis nach sich ziehen.

Finsternistyp. Um die Bedeutung und Wirksamkeit einer einzelnen Finsternis einschätzen zu können, ist es ferner von Vorteil zu wissen, mit welchem Glied in der langen Kette der Finsternisse, die zu einem Saros-Zyklus gehören, wir es im konkreten Fall zu tun haben. Am wirkungsvollsten sind die totalen Finsternisse. Dies lässt sich empirisch leicht feststellen, erscheint aber schon aus dem Zusammenhang der Saros-Zyklen heraus durchaus logisch. Die totalen Finsternisse treten immer in der Mitte eines Saros-Zyklus auf und bilden dessen Zenit oder Höhepunkt. Die Kulmination eines Saros-Zyklus ist eine totale Finsternis, bei der die Konjunktion zwischen dem verfinsterten Licht und der Mondknotenachse am engsten ist. Es gilt also die einfache Regel: Je stärker die

Verfinsterung, umso stärker die Wirkung. Es gibt bei den Finsternissen aber auch zwei Sonderfälle. Die ringförmige Sonnenfinsternis ist technisch gesehen eigentlich eine totale Sonnenfinsternis. Aber durch die große Entfernung des Mondes wird die Sonnenscheibe nicht ganz abgedeckt. Die Wirkung einer ringförmigen Sonnenfinsternis ist ein wenig geringer als bei einer 'richtigen' totalen Verfinsterung. Die Halbschatten-Finsternis des Mondes wirkt in manchen Lebensbereichen stärker als die partielle Mondfinsternis. Warum dies so ist, konnte ich bisher nicht entschlüsseln. Denn technisch gesehen ist die Halbschatten-Finsternis die schwächste Verfinsterung des Mondes.

In der folgenden Tabelle sind die einzelnen Finsternistypen mit ihrer Wirksamkeit aufgeführt. Fünf Sterne entsprechen der größten, ein Stern der geringste Wirksamkeit.

Sonnenfinsternisse		Mondfinsternisse	
Total	*****	Total	**
Ringförmig	****	Partiell	*
Partiell	**	Halbschatten-Finsternis	**

Finsternistyp und Wirksamkeit

Aspekte zum Finsternisgrad. Für die Bestimmung der Wirkungsintensität einer Finsternis müssen neben der Betrachtung des zyklischen Hintergrundes auch die übrigen Konstellationen miteinbezogen werden. Als erstes wird der Finsternisgrad bestimmt. Dies ist der Grad im Tierkreis, auf dem das verfinsterte Licht steht. Beispielsweise fand am 26. Februar 1998 eine totale Sonnenfinsternis mit der stärksten Verfinsterung der Sonne auf exakt 7°55' Fische statt. Der Finsternisgrad liegt demnach auf 7°55' in den Fischen.

Beim nächsten Schritt müssen alle Konstellationen näher betrachtet werden, die eine Aspektverbindung zum Finsternisgrad aufweisen. Je mehr harte Hauptaspekte (Konjunktion, Opposition, Quadrat) zu diesem Grad vorhanden sind und je exakter diese Winkelverbindungen sind, um so bedeutender und wirkungsvoller ist die Finsternis. Dabei gibt es drei verschiedene Betrachtungsmethoden, die in die Gesamtbeurteilung einfließen: eine Abstufung nach Aspekttyp, eine Abstufung hinsichtlich des Orbis zum Finsternisgrad und eine Abstufung bezüglich der beteiligten Planeten.

Aspekt-Typ	Wirkung (***** stärkste Wirkung)
Konjunktion	*****
Opposition	****
Quadrat	***
Trigon	*
Sextil	Keine

Abstufung der Verstärker-Wirkung nach Aspekt-Typ

Planeten, die mit dem Finsternisgrad in Konjunktion stehen, verstärken die Wirkung einer Finsternis enorm und geben durch ihre Natur auch Hinweise auf die inhaltliche Richtung der Wirkung an. Die Opposition bleibt dagegen ein wenig hinter der Konjunktion zurück.

Ablauf	Orbis	Wirkung (* bis *****)
Planeten laufen	+ 4°	**
noch auf die	+ 3°	***
Finsternis zu	+ 2°	****
	+ 1°	*****
Planeten laufen	- 1°	****
von der	- 2°	**
Finsternis weg	- 3°	*
	- 4°	*

Abstufung der Verstärker-Wirkung nach Orbis

Planeten, die in der Zeit nach einer Finsternis noch auf den Finsternisgrad zulaufen, wirken stärker und akuter als Planeten, die bereits den Finsternisgrad passiert haben. Besonders aufpassen muss man in diesem Zusammenhang bei rückläufigen Planeten, da diese noch auf den Finsternisgrad zulaufen, auch wenn sie innerhalb des Tierkreises schon nach dem Finsternisgrad stehen.

Aspektbildender Planet	Wirkung (* bis *****)
Dispositor über den Finsternisgrad	*****
Almuten des Finsternisgrades	****
Andere klassische Planeten (Merkur, Venus, Mars, Jupiter, Saturn)	***
Moderne Planeten (Uranus, Neptun, Pluto u.a.)	**

Abstufung der Verstärker-Wirkung nach Planet

Bei der Betrachtung der Aspekte zum Finsternisgrad hängt die verstärkende Wirkung auch davon ab, welcher Planet einen Aspekt bildet. Den größten Einfluss hat dabei der Planet, der Dispositor über den Finsternisgrad ist. Dieser ist der Herrscher über das Zeichen, in das die Finsternis fällt. Steht der Finsternisgrad beispielsweise auf 7°55' Fische, ist der Dispositor Jupiter, da Jupiter nach der alten Herrscherreihe über die Tierkreiszeichen Schütze und Fische herrscht.

Um die bisherigen Kriterien an einem Beispiel zu veranschaulichen, betrachten wir nun die Finsternisse der Jahre 1998 und 1999, wie sie im Anhang in der Liste der Finsternisse verzeichnet sind. In den ersten Spalten werden der Finsternistyp, das Datum, die Uhrzeit in GMT und die Tierkreisposition des Finsternisgrades angegeben. In der letzten

Spalten wird die Zugehörigkeit zu einem der 19 Saros-Zyklen und die erste Finsternis der betroffenen Saros-Zyklus angegeben. Die Finsternisse werden untereinander hinsichtlich ihrer Wirkungsstärke verglichen.

TSF	26. 02 1998	17:28	7°55 ♓	S18 20.8.1096
HMF	13. 03 1998	04:2⁻	22°23 ♓	-
HMF	08. 08 1998	02:24	15°22 ♌	-
RSF	22. 08 1998	02:05	28°48 ♌	S19 5.7.1331
HMF	06. 09 1998	11:10	13°40 ♍	-
HMF	31. 01 1999	16:15	11°20 ≈	-
RSF	16. 02 1999	06:34	27°08 ≈	S19 16.4.1512
PMF	28. 07 1999	11:32	4°58 ♌	S1 18.5.1296
TSF	11. 08 1999	11:03	18°21 ♌	S1 4.1.1639

Auszug aus der Liste Finsternis 1950 – 2050 (siehe Anhang)

Am wirksamsten sind Sonnenfinsternisse. In der vorliegenden Tabelle finden wir davon vier, zwei ringförmige und zwei totale Sonnenfinsternisse. Betrachten wir nun diese vier Finsternisse der Reihe nach hinsichtlich ihrer Wirksamkeit.

Die Finsternis vom 26.2.1998 gehört als totale Sonnenfinsternis in die Kategorie des wirksamsten Finsternistyps. Bei der Betrachtung des Horoskops fällt sofort das Stellium bei der Finsternis auf. Sonne, Mond und Mondknoten bilden dabei die natürliche Konstellation der Finsternis. Merkur steht auf knapp 12° Fische, also in Konjunktion mit dem Finsternisgrad innerhalb eines Orbis von 4°. Jupiter, der Dispositor des Finsternisgrades ist und dem damit mehr Bedeutung als anderen Planeten zukommt, steht auf 5° Fische in einem Orbis von 3° in Konjunktion mit dem Finsternisgrad. Den exaktesten Aspekt zum Finsternisgrad bildet Pluto auf 8°01' Schütze. Es sind also insgesamt drei Planeten in Bezug zum Finsternisgrad, was diese zu einem sehr wirkungsvollen Ereignis macht.

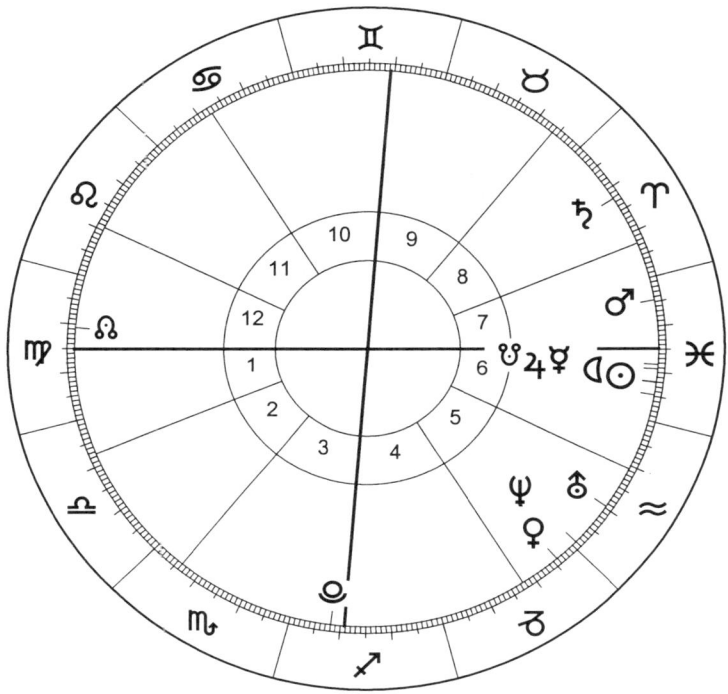

Sonnenfinsternis, 26.2.1998, Frankfurt am Main

Um diese Finsternis mit den anderen zu vergleichen, sehen wir uns nun das folgende Beispiel an. Als ringförmige Sonnenfinsternis ist die Finsternis vom 22.8.1998 etwas weniger wirksam als eine totale Finsternis. Der Finsternisgrad fällt auf 29° Löwe auf den Fixstern Regulus, der einer der vier Königssterne ist. (Interessant ist in diesem Zusammenhang, dass gerade zur Zeit dieser Finsternis einige 'Könige' größere Probleme bekamen: Die Veröffentlichung der Lewinsky-Unterlagen im Internet und die Ausstrahlung des Videos vom Verhör vor der Grand Jury brachten Bill Clinton in große Schwierigkeiten; die Russland-Krise kostete Kirijenko das Amt des Regierungschefs; die Umfragen zu Kanzler Kohl deuteten auf ein nahes Ende seiner Regierungszeit hin).

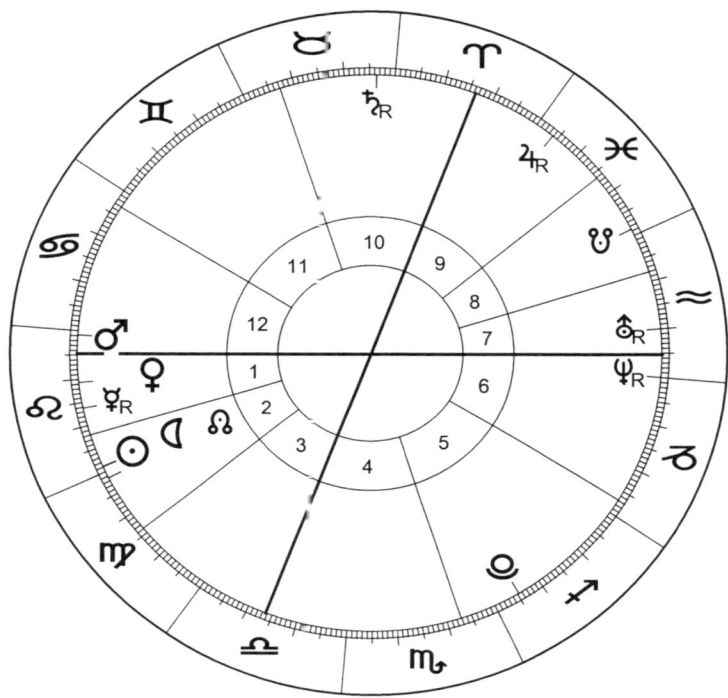

Sonnenfinsternis, 22.8.1998, Frankfurt am Main

Es gibt keine Aspekte auf den Finsternisgrad. Verglichen mit der vorangegangenen totalen Finsternis vom 26. Februar 1998 mit drei beteiligten Planeten ist diese weniger wirksam.

Die nächste Finsternis, die wir in unsere Betrachtung einbeziehen, ist wieder eine ringförmige, und deren Finsternisgrad fällt auf 27° Wassermann.

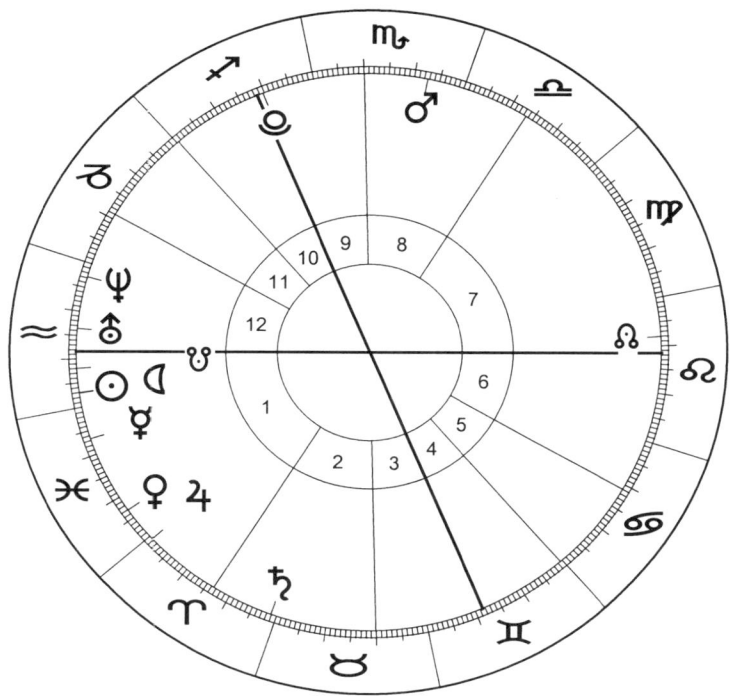

Sonnenfinsternis, 16.2.1999, Frankfurt am Main

Auch dieser Finsternisgrad erhält keine harten Hauptaspekte, sondern nur ein applikatives Saturn-Sextil. Auf 27° Wassermann befindet sich kein besonderer Fixstern. Deshalb ist die Wirkung der vorangegangenen ringförmigen Finsternis vom 22.8.1998 mit dem Finsternisgrad auf dem wichtigen Fixstern Regulus wirksamer als die Finsternis vom 16.2.1999.

Die letzte Finsternis in unserer vergleichenden Betrachtung ist wieder eine totale Sonnenfinsternis mit dem Finsternisgrad auf 18°21' Löwe. Wir sehen eine Mars/Saturn-Opposition, die ein T-Quadrat auf den Finsternisgrad bildet, während Uranus in Opposition zu ihm steht. Mars befindet

sich auf 16°51' im Skorpion in einem Orbis von etwa 1.5°
zur Finsternis, wobei Mars noch auf den Finsternisgrad zuläuft. Saturn steht auf 16°53' Stier in nahezu exakter ap-
pliktiver Opposition zu Mars und ebenfalls zulaufend auf
den Finsternisgrad. Wie bei Mars beträgt der Orbis etwa 1.5°
zum Finsternisgrad.

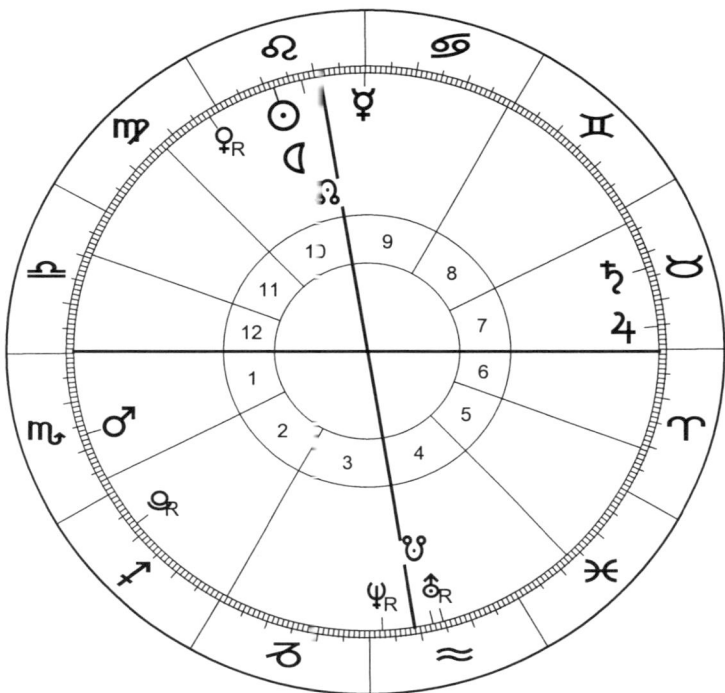

Sonnenfinsternis 11.8.1999, Frankfurt am Main

Die Exaktheit der Opposition zwischen Mars und Saturn
verstärkt die Wirkung der Finsternis zusätzlich. Uranus auf
14°40' Wassermann ist knapp 4° vom Finsternispunkt entfernt und rückläufig. Das heißt, Uranus bewegt sich zunächst

vom Finsternisgrad weg und wird erst viel später über diesen Oppositionsgrad laufen.
Von allen vier betrachteten Finsternissen ist die zuletzt analysierte vom 11.8.1999 zweifellos die wirksamste und einflussreichste. Die betrachteten Finsternisse nach Wirkungspotenz sortiert, ergeben folgende Reihenfolge.

Datum	Zeit GMT	Finster-nis-Typ	Finsternis-grad	Wirkung
11.08.99	10:53	TSF	18°21 Loe	sehr stark
26.02.98	17:28	TSF	07°55 Fis	Stark
22.08.98	02:06	RSF	28°48 Loe	Normal +
16.02.99	06:34	RSF	27°08 Was	Normal

Damit ist die rein mundane Betrachtung und Einordnung der Finsternisse abgeschlossen. Im Zusammenhang mit einem Radix betrachtet, gibt es noch einige zusätzliche Aspekte zu beachten, was ausführlich im Kapitel 'Finsternisse im Radix' dargestellt ist.

Planeten an den Hauptachsen. Für alle weitergehenden Untersuchungen muss ein vollständiges Horoskop auf die Finsternis berechnet werden. Ptolemäus schreibt, dass Hauptachsenbezüge im Horoskop einer Finsternis einen verstärkenden oder abschwächenden Einfluss haben. Die Wirkung einer Finsternis wird demnach gesteigert, sobald Planeten am Aszendenten oder am Medium Coeli stehen bzw. sich ein Aspektbezug zu einem dieser Punkte nachweisen läßt. Ein Planetenkontakt zum Deszendenten schwächt die Wirkung der Ereignisse. Man mag sich nun fragen, wieso Ptolemäus nicht auf Planeten am IC eingeht. Die Idee hinter dieser Regel hat mit der Sichtbarkeit der Konstellationen am Himmel zu tun. Grundsätzlich sind Planeten und 'Lichter' in der Theorie nur dann sichtbar, wenn sie über dem Horizont (also in der oberen Horoskophälfte bzw. in den Haus 7-12) stehen. Nach Ptolemäus ist die Sichtbarkeit einer Finsternis auch die Grundvoraussetzung für ihr Wirken. Befindet sich das verfinsterte Licht oder ein Planet am Deszendenten, so geht der Faktor gerade unter, verliert also an Kraft. In meinen Untersuchungen zu Finsternissen konnte ich jedoch nicht feststellen, dass ein Planet am Deszendenten generell die Wirkung einer Finsternis schwächt. Im Gegenteil: Die Wirkung des Planeten ist am Deszendenten zweifellos etwas schwächer als am Aszendenten oder MC, doch verstärkt ein Planet am Deszendenten dennoch die Wirkung der Finsternis. Auch ein Planet am IC entfaltet seine Wirkung, aber diese ist der schwächste von allen Hauptachsenkontakten. Nach meiner Beobachtung wirken in erster Linie Konjunktionen mit den Hauptachsen, und zwar von Planeten, die eine Verbindung mit dem Finsternisgrad haben.

Das Zustandekommen einer Konjunktion zwischen einem Planeten und der Hauptachse eines Finsternishoroskopes hängt vom Ort bzw. der Koordinaten des Ortes ab, für den dieses Finsternishoroskop berechnet wird. Nun kann man natürlich für einzelne Orte, die man speziell untersuchen möchte, jeweils ein Finsternishoroskop berechnen und mögliche Hauptachsenkontakte am Horoskop sehen. Möchte man aber einen umfassenden Überblick erhalten, an welchen Orten in der Welt Planeten an Hauptachsen stehen, ist die Anwendung der Astrokartographie sinnvoller. Wichtig ist dabei, dass die Planetenlinien zu diesem Zweck ohne Breite berechnet werden. Als Beispiel sehen wir uns die Karte für die Sonnenfinsternis vom 22. August 1998 an. Wir sehen auf der Karte zwei Typen von Linien: Vertikale Linien und Linien, die einer Sinuskurve ähneln. Die vertikalen Linien entstehen dadurch, dass alle Orte, an denen zum Zeitpunkt der Finsternis ein Planet am MC oder IC steht, zu einer Linie verbunden werden.

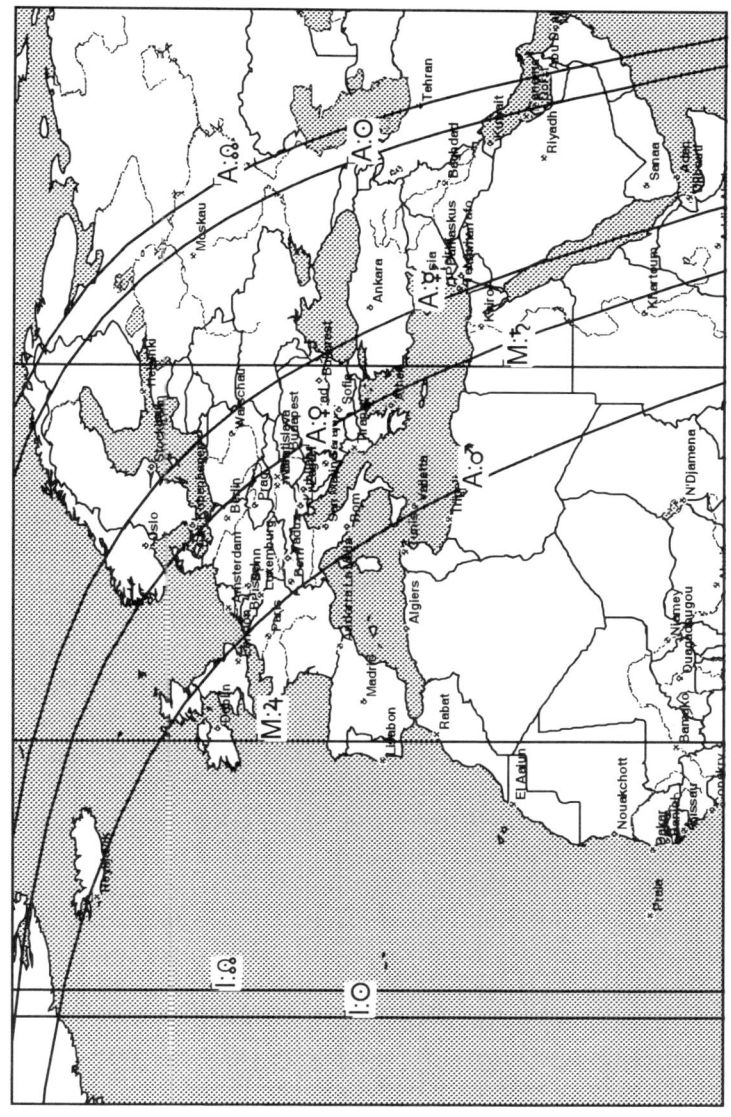

Sonnenfinsternis vom 22.8.1998, Finsternisgrad durch Moskau

Die kurvigen Linien verlaufen über alle diejenigen Stellen, an denen ein Planet gerade exakt am Aszendenten oder Deszendenten steht. An den Orten, an denen sich die vertikalen Linien mit kurvigen Linien kreuzen, steht dann sowohl ein Planet am MC oder IC als auch ein Planet am AC oder DC. Damit gewinnt man schnell einen Überblick darüber, an welchen Stellen der Erde sich bestimmte Konstellationen des Finsternishoroskopes an den Hauptachsen befinden. Da die meisten Linien über viele Länder laufen, muss die Deutung etwas verfeinert werden. Nicht jeder Planet ist gleich wichtig in der Betrachtung und nicht jeder Ort auf der Erde ist gleich bedeutend. Viele Linien verlaufen durch die Ozeane oder über Wüstengebiet. Die wichtigsten Orte sind jeweils die Hauptstädte der Länder, da sie symbolisch als Herz eines Landes gelten. Je näher eine Planetenlinie an einer Hauptstadt entlang verläuft, desto wichtiger wird der Planet und die Finsternis für das entsprechende Land. Von allen Linien, die durch eine Hauptstadt verlaufen, ist zweifellos die Sonne-Mond-Linie die wichtigste, denn dies ist die Linie des Finsternisgrades. Auch die Planetenlinien der Planeten, die zum Finsternisgrad einen harten Aspekt bilden, sind wirkungsvoll. An der vorliegenden Karte sehen wir, dass die Aszendenten-Linie der Sonne/Mond-Konjunktion sehr nahe an Moskau vorbeiläuft. Würde man auf Moskau das Finsternishoroskop berechnen, stünde die Sonne am Aszendenten. Würde man die Sonnenfinsternis in Moskau beobachten, wäre die aufgehende Sonne verfinstert. Sie ist gleichzeitig Finsternisgrad und somit der empfindlichste Punkt im Finsternishoroskop.

Zum Zeitpunkt dieser Sonnenfinsternis bahnte sich plötzlich aus heiterem Himmel die schwere russische Wirtschafts- und Währungskrise an. Die Moskauer Kapitalmärkte stürzten in crashartigen Szenarien in die Tiefe, und eine schwere Regierungskrise wurde ausgelöst. Der amtierende Ministerpräsident Kirijenko musste gehen, und ein Nachfolger wurde von der Duma gewählt.

Wo zeigen sich die Wirkungen einer Finsternis?

Diese Frage wurde im Kapitel über die Wirkungsstärke einer Finsternis schon einmal kurz angerissen. Aus der astrokartographischen Analyse lassen sich durch die jeweiligen Planetenlinien – vor allem durch die Linien von Sonne und Mond – betroffene Orte ableiten. Dies ist nur ein sehr allgemeines Verfahren und muss durch andere Methoden ergänzt werden. Nach Ptolemäus sind die Wirkungen einer Finsternis vor allem dort spürbar, wo der Finsternisgrad im Aspekt zum Aszendenten, zum Mond oder zur Sonne einer Stadt (vorausgesetzt, man kennt das Horoskop der Erbauung einer Stadt), oder zum MC des Herrschers über eine Stadt (König, Regierungschef, Bürgermeister etc.) steht. Ptolemäus schreibt wörtlich: *„Besonders gefahrvoll jedoch und unausweichlich stellt sich ein Ereignis ein, wenn selbst die Grade der Finsternis, oder ihre Oppositionsstellen völlig übereinstimmen mit den Graden eines der Lichter der Nativität eines Reiches oder einer Stadt"* (Tetrabiblos, Mössingen 1995, S. 114).

Besonders wirkungsvoll ist laut Ptolemäus eine Finsternis auch dann, wenn das Tierkreiszeichen, in dem die Finsternis stattfindet, in Bezug zum betreffenden Land oder der Stadt steht, und wenn sie an dem betreffenden Ort sichtbar ist. Findet beispielsweise eine Finsternis im Zeichen Jungfrau statt, wirkt sie sich auf Babylonien (heute: Persien/Irak) aus, da das Land um die Stadt Babylon seit altersher mit dem Zeichen Jungfrau in Verbindung gebracht wird. Im Anhang sind einige dieser traditionellen Entsprechungen in einer Tabelle aufgelistet. Dies ist zwar eine sehr interessante Methode zur Lokalisierung der Finsterniswirkungen, und traditionelle

Astrologen wie zum Beispiel William Lilly haben mit dieser Methode auch beeindruckende Prognosen erstellen können, aber die Zuordnung der Tierkreiszeichen zu einzelnen Ländern ist insgesamt eine komplizierte und aufwendige Angelegenheit.

Die Sichtbarkeit einer Finsternis an einem bestimmten Ort als Wirkungsbedingung ist ebenfalls eine Frage mit Diskussionsbedarf. Dass eine Finsternis auch auf ein Land wirken kann, wenn die Finsternis dort nicht sichtbar war, wurde bereits oben am Beispiel des Zugunglücks von Eschede demonstriert und wird an anderen Beispielen ebenfalls erkennbar. Möglicherweise wirkt eine Finsternis aber einfach *stärker*, wenn sie am betreffenden Ort auch *sichtbar* war.

Die Frage nach dem Ort einer Wirkung gehört in den mundanastrologischen Bereich. Die genaue Lokalisation der Wirkungen einer Finsternis ist eine schwierige und komplexe Angelegenheit. Es gibt keine einfache Methode und keinen technischen Kniff, womit sich dies einfach bewerkstelligen ließe. Oft ist an dieser Stelle vielmehr die Betrachtung verschiedener sich ergänzender Methoden gefragt, die erst zusammen interpretiert werden müssen. Fast immer werden in der Mundanastrologie mehrere Techniken und Horoskope zu einem Gesamtbild zusammengefügt. Findet man zum Beispiel in der astrokartographischen Darstellung einer Finsternis einen wichtigen Bezug zur Hauptstadt eines Landes, muss man zusätzlich auch das Staatshoroskop und das Horoskop des Regierungschefs und andere möglicherweise beteiligte Horoskope zusätzlich untersuchen. Erst wenn sich ein Ereignis in mehreren Horoskopen und Techniken widerspiegelt, kann man daraus eine sichere Prognose ableiten.

Im Zusammenhang mit der Wirkungsstärke von Finsternissen wurden an früherer Stelle einige aktuelle Finsternisse besprochen, darunter auch die ringförmige Sonnenfinsternis vom 22. August 1998 auf etwa 29° Löwe. Der Finsternisgrad

fällt dabei auf den Fixstern Regulus. Der als Königsstern bekannte Fixstern ist neben Aldebaran, Antares und Fomal-
haut einer der vier traditionellen persischen Königssterne;
und er ist der letzte Königsstern, der sich noch in einem fixen Zeichen befindet. Diana Rosenberg, eine Expertin in Sa-
chen Fixsterne, prognostiziert deshalb, dass es keine Könige
und Monarchien mehr geben wird, wenn Regulus den Löwen im nächsten Jahrhundert verlassen wird.

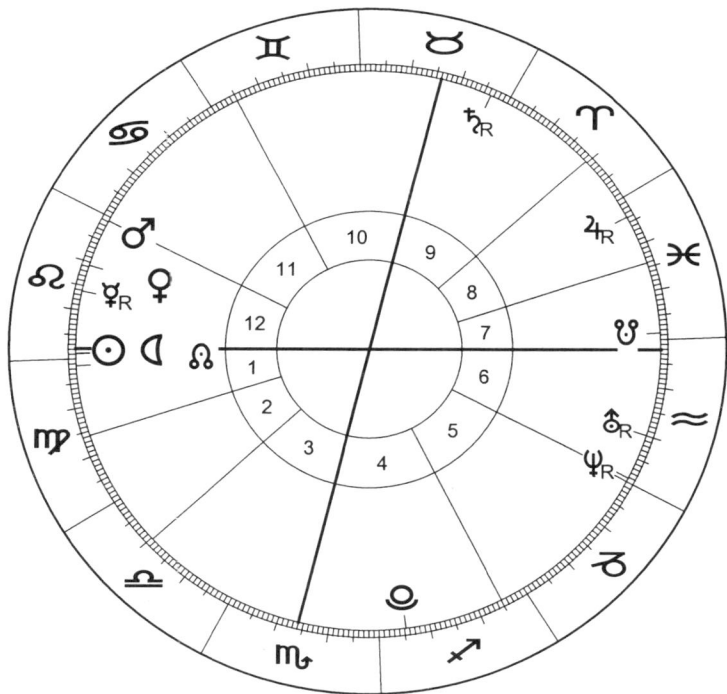

Sonnenfinsternis, 22.8.1998, Moskau

Regulus repräsentiert Herrscher und Regierende, auch wenn
diese heutzutage keine Könige oder Kaiser mehr sind. Die
Position eines Finsternisgrades auf dem Fixstern Regulus lässt

an sich schon auf Geschehnisse mit speziellem Bezug zu Königen bzw. Regierungschefs und Herrschern schließen. Diese ringförmige Finsternis besitzt keine Wirkungsverstärker durch Aspekte von anderen Planeten, aber sie hat durch den Fixsternbezug einen ganz besonderen Wirkungsfokus. Und das macht diese Finsternis für eine ganz bestimmte Gruppe von Menschen wichtig: für Herrscher und Menschen an der Spitze von Regierungen oder großen Institutionen.

Wie bereits erwähnt, war zum Zeitpunkt der Finsternis der Höhepunkt der Wirtschaftskrise in Russland mit dem Rücktritt des Regierungschefs Sergej Kirijenko (geboren am 26. Juli 1962 in Suchumi). Im Finsternishoroskop, erstellt auf die Hauptstadt Moskau, sehen wir den Finsternisgrad am Aszendenten!

Dies reicht aus, um auf eine schwere Krise in Russland schließen zu können. Warum? Zwei Gründe sind dafür maßgeblich: erstens, dass nicht irgendein Planet am Aszendenten steht, sondern die verfinsterte Sonne; und zweitens, dass Moskau nicht irgendeine Stadt ist, sondern die Hauptstadt von Russland. Hinzu kommt aber auch noch ein kritischer Saturn-Transit über die Sonne Kirijenkos und die Tatsache, dass im Ur-Staatshoroskop von Russland (2. Juli 1452) die Venus auf 28° Löwe, dem Finsternisgrad, steht.

Ferner ist der Herrscher des 10. Hauses Signifikator für den Regierungschef. Die Spitze des 10. Hauses fällt in das Zeichen Stier; der Herrscher von Haus 10 ist demnach die Löwe-Venus im 12. Haus. Die Position im 12. Haus ist nicht überaus günstig für den Regierungschef. Die Venus bzw. der Regierungschef muss hier eine abwartende und defensive Haltung einnehmen und kann nicht viel ausrichten. Außerdem hatte Venus vor kurzem das Quadrat zu Saturn im Stier erfahren. Saturn repräsentiert als Herrscher des 6. Hauses die allgemeinen Lebensbedingungen und den Alltag.

Die schlimmen Alltagsbedingungen der Bevölkerung werden der Regierung zum Verhängnis, was am Saturn-Quadrat zur Venus abgelesen werden kann. Als Herrscher von Haus 7 steht Saturn auch für die Partner von Russland, die Druck zugunsten wirtschaftlicher Reformen ausüben. Nummeriert man die Häuser vom 10. Haus aus mit der 1 beginnend um, so wird das 7. Haus zum 10. Haus (vom 10. Haus aus gerechnet). Für den Regierungschef ist sein 10. Haus sein Vorgesetzter, der Präsident. Boris Jelzin wird also auch vom Herrscher der 7. Hauses, Saturn, repräsentiert. Man kann folglich davon ausgehen, dass es bereits seit einiger Zeit Unstimmigkeiten zwischen Kirijenko und Jelzin gegeben hat. Wahrscheinlich konnte sich die Venus (Kirijenko) in der Vergangenheit nur dadurch behaupten, dass Saturn im Stier im Domizil der Venus stand, und sich deshalb in einer gewissen Abhängigkeit von ihr befand. Nun steht Venus auch in einer sehr engen Opposition zu Uranus. Harte Uranus-Aspekte auf den Herrscher des 10. Hauses in Mundanhoroskopen haben grundsätzlich die Eigenschaft von Schleudersitzen für Regierungschefs und Herrscher (in diesem Zusammenhang ist auch die ringförmige Sonnenfinsternis vom 14. Januar 1945 auf Berlin ein eindrucksvolles Beispiel). Venus bekommt außer einem Trigon von Pluto keine helfenden Aspekte, weder Trigone noch Sextile, was eine sehr schwierige Situation für die betroffenen Regierungschefs darstellt. Fassen wir noch einmal zusammen, warum diese Finsternis für die russische Regierung so starke Auswirkungen hatte:

- Die Finsternis hat durch die Konjunktion mit Regulus besondere Wirkung auf Staats- und Regierungschefs.
- Der Finsternisgrad fällt auf den Aszendenten des auf Moskau berechneten Finsternishoroskopes und damit auf die Hauptstadt von Russland.

- Der Herrscher des 10. Hauses im Finsternishoroskop zeigt eine Regierungskrise an.

Werfen wir nun einen Blick über den Atlantik zum Regierungschef der USA, Bill Clinton. Kurz nach Eintritt der ringförmigen Sonnenfinsternis am 22. August 1998 spitzten sich die Ereignisse in Washington bezüglich der Lewinsky-Affäre zu. In diesem Fall haben wir keinen astrokartographischen Hauptachsen-Bezug der Finsternis zur Hauptstadt Washington, es besteht aber eine Verbindung zum Horoskop des Präsdenten. Im Finsternishoroskop, berechnet auf Washington, sehen wir den Finsternisgrad im 5. Haus. Damit fand die Finsternis zur Nachtzeit statt, und war nicht sichtbar, was die Wirkung etwas vermindert. Es befindet sich kein Planet an einer Hauptachse. Die Situation ist vom mundanastrologischen Standpunkt aus folglich nicht so kritisch wie in Moskau. Der Finsternisgrad steht in sehr exaktem Trigon zum Aszendenten Ende Widder. Dieses Trigon hat zudem eine positive, abmildernde Wirkung.

Trotzdem wirkte sich die Finsternis sehr belastend auf den Präsidenten aus. Dies ist auf den Bezug des Finsternisgrades auf Clintons Sonne zurückzuführen. Analysieren wir jedoch zuerst das Finsternishoroskop für Washington, so finden wir den Herrscher des 10. Hauses als Signifikator für den Präsidenten auch in einer schwierigen Situation.

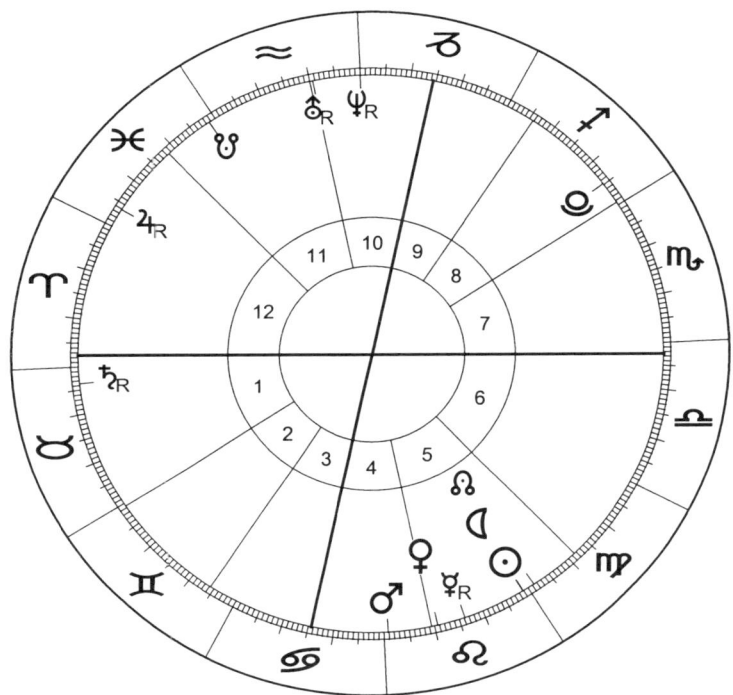

Sonnenfinsternis, 22.8.1998, Washington

Wir sehen Saturn als Herrscher des 10. Hauses und Signifikator für den Präsidenten. Saturn steht im 1. Haus im Stier. Da der gesamte Stier in diesem Haus eingeschlossen ist, gilt dies auch für Saturn. Folglich kann Saturn im 1. Haus seine Wirkung nur indirekt entfalten. Obwohl Saturn eingeschlossen ist, ist seine Stellung im 1. Haus jedoch eine weitaus bessere Position als Kirijenkos Venus im 12. Haus. Doch Saturn hat noch andere Probleme. Er hatte vor kurzem ein Quadrat mit Venus, die über ihn disponiert. In naher Zukunft wird er ein Quadrat von Mars, dem Aszendentenherrscher, bekommen. Seit Monaten schon und noch bis tief ins Jahr 1999 hinein hinterlässt das Quadrat zwischen Neptun und Saturn seine Spuren – ein unklarer Schwebezustand. Tatsächlich befindet sich der Präsident infolge der ständigen Bedrohung durch ein Amtsenthebungsverfahren in einem andauernden unklaren Schwebezustand. Technisch gesehen hat Saturn zwar ein Quadrat zu Uranus (die Schleudersitzkonstellation), ist aber rückläufig und wird noch einmal in den Widder zurückgehen. Saturn entfernt sich also wieder von Uranus. Das Uranus-Quadrat wird erst im Sommer 1999 zur Geltung kommen. Es wäre also durchaus denkbar, dass sich der Präsident zunächst in dieser schwierigen Situation halten kann. Positiv ist das 'applikative' Trigon zwischen dem rückläufigen Saturn und dem Finsternisgrad, das heißt Sonne und Mond bilden ein Trigon, das noch auf den Saturn zuläuft.

Im Horoskop von Bill Clinton sehen wir seine Radix-Sonne gefährlich nahe am Finsternisgrad stehen. Dies entspricht exakt der ptolemäischen Regel, dass eine Stadt oder ein Land dann von einer Finsternis betroffen ist, wenn die Sonne (oder der AC oder MC) des Regierungschefs auf den Finsternisgrad fällt.

Im Finsternishoroskop gibt es ein Quadrat zwischen Mars und Saturn, das einen Kontakt zu Bill Clintons Radix-Saturn aufweist. Dieses Mars/Saturn-Quadrat hat einen ganz besonderen Bezug zum vorliegenden Finsternispunkt. Spiegelt man nämlich den Mars an der Achse 0°Krebs/0°Steinbock, kommt der Spiegelpunkt des Mars auf 29°10' Stier und fällt damit fast exakt ins Quadrat zum Finsternisgrad auf 28°48' Löwe. Dadurch ist eine Art Aspektbezug zum Finsternispunkt gegeben, der als Verstärker wirkt. Spiegelt man den Saturn des Finsternishoroskopes ebenfalls an der Achse 0°Krebs/0° Steinbock, fällt der Spiegelpunkt des Saturn auf 26°24' Löwe, also fast genau auf die Sonne des amerikanischen Präsidenten.

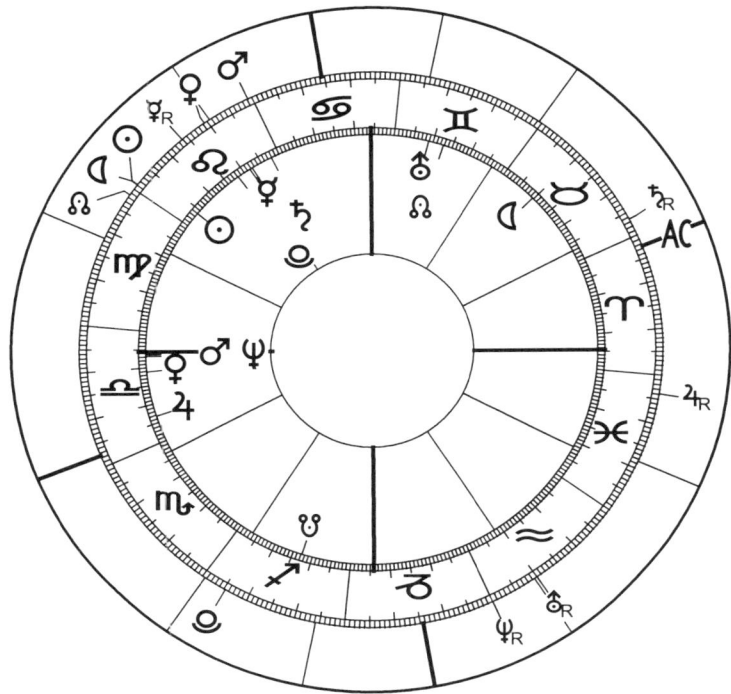

Innen: Bill Clinton, außen: ringförmige Sonnenfinsternis vom 22.8.1998

Im Fall von Kirijenko ließ sich die Russland-Krise aus rein mundaner Sicht ableiten. Im Fall von Bill Clinton spielt die besondere Beteiligung seines Radix-Horoskopes die entscheidende Rolle. Dies spiegelt sich auch in der Art der jeweiligen Krise wider. In Russland kam es durch die extreme Abwertung des Rubel zu einer schwerwiegenden, das ganze Land betreffenden Krisensituation; in den USA hingegen handelt es sich hauptsächlich um eine die Person des Präsidenten betreffende Krise.

Wenden wir uns nun im Zusammenhang mit der ringförmigen Sonnenfinsternis vom 22. August 1998 Deutschland

75

zu. Auch hier finden wir keinen astrokartographischen Bezug zur Hauptstadt wie im vorangegangenen Fall mit Moskau. Aber es existiert ein interessanter Bezug der Sonnenstände von Helmut Kohl und Gerhard Schröder zu den auf Bonn und Berlin berechneten Finsternishoroskopen. Berechnen wir das Finsternishoroskop für die Hauptstadt Berlin und den Regierungssitz Bonn, so finden wir die Sonne im 2. Haus. Die Finsternis ist also auch bei uns nicht sichtbar gewesen. Am 27. September 1998 wirkte sich die Regulus-Finsternis auch für den deutschen Bundeskanzler Helmut Kohl aus. Zum ersten Mal in der Geschichte der Bundesrepublik Deutschland wurden die Mehrheiten der Parteien durch das Wählervotum so verändert, dass die regierenden Parteien aus dem Stand abgewählt wurden.

In Deutschland haben wir zur Zeit noch eine etwas verzwickte Situation, was Hauptstadt und Regierungssitz betrifft. Der Einfluss einer Finsternis auf ein Land spiegelt sich am besten in dem auf die Hauptstadt berechneten Horoskop. Normalerweise ist der Regierungssitz eines Landes auch mit der Hauptstadt identisch. Seit Berlin zur Hauptstadt der Bundesrepublik erklärt worden ist, befinden wir uns astrologisch gesehen in einer Übergangszeit. Bei allen zu erstellenden Mundanhoroskopen gilt es also zu entscheiden, ob der Untersuchungsgegenstand mit dem Land als Ganzem (Hauptstadt) oder mit der Regierung (Regierungssitz) zu tun hat. Sehr deutlich können wir diesen Sachverhalt an folgendem konkreten Beispiel der Wahlniederlage der Regierung Kohl nachvollziehen. Die schon mehrfach erwähnte Opposition Venus-Uranus hat hier keinen Bezug zum 10. Haus, aber eine sehr starke Verbindung zur Achse Aszendent-Deszendent des auf Berlin berechneten Horoskops. Dies signalisiert eine einschneidende Wende für das Land.

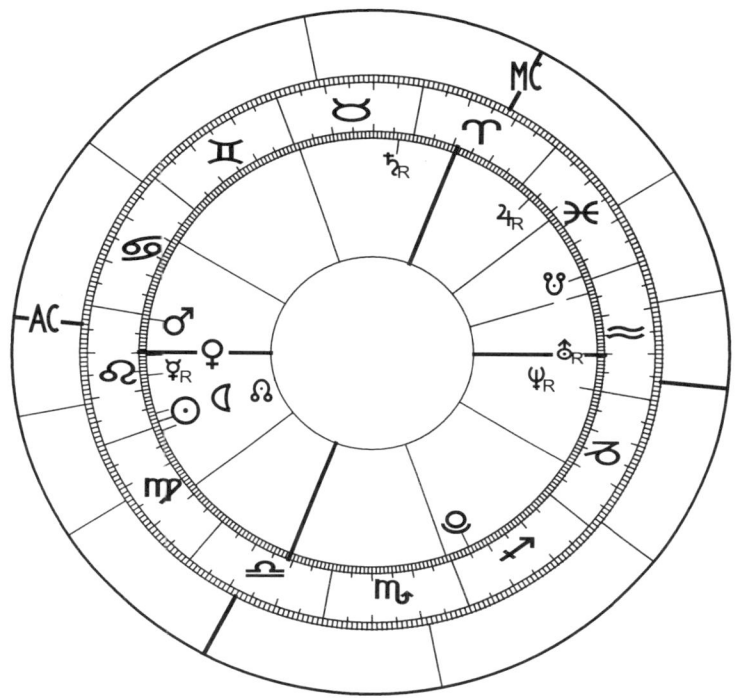

Sonnenfinsternis, 22.8.1998, innen: Berlin, außen: Bonn

Da wir es immer noch mit einer Finsternis zu tun haben, die durch den Bezug zum Fixstern Regulus einen speziellen Fokus auf Regierende hat, kann man daraus auf einen Regierungswechsel schließen. Ganz nebenbei befindet sich Uranus auf dem MC des Deutschland-Horoskopes von 1871, das an früherer Stelle im Zusammenhang mit dem Zugunglück in Eschede besprochen wurde.

Um speziell das Schicksal der Regierung aus dem Finsternishoroskop herzuleiten, muss das auf den Regierungssitz Bonn erstellte Horoskop herangezogen werden. Wie auch

77

bei den Beispielen für Moskau und Washington, wird als erstes der Herrscher des 10. Hauses untersucht.

Das MC für Bonn steht auf 12° Widder, ein besonders interessanter Grad, da sich dort die Sonne (mit Saturn-Quadrat in den Steinbock) von Helmut Kohl (*3. April 1930, 6:30 Uhr MET, Oggersheim) befindet. Faszinierend ist in diesem Zusammenhang auch, dass die Sonne von Gerhard Schröder (*7. April 1944 in Mossenberg) auf 18° Widder steht, wo wiederum das MC des auf Berlin erstellten Horoskopes ist. In der folgenden Legislaturperiode wird der Regierungssitz nach Berlin verlegt. Der neue Kanzler hat also sofort seine Sonne am MC des künftigen Regierungssitzes. Doch zurück zur Analyse für Bonn: Als Herrscher des 10. Hauses ist Mars Signifikator für Kanzler Kohl. Mars steht im 12. Haus. Auch im Horoskop für Moskau stand der Herrscher des 10. Hauses im 12. Haus, was eine schwierige Planetenstellung für einen Regierungschef bedeutet. Zudem erhält Mars eine Opposition von Neptun und ein Quadrat von Saturn. Der Spiegelpunkt des Mars ist überdies mit dem Finsternisgrad verbunden. Saturn bildet außerdem ein fast exaktes Quadrat zum Bonner Aszendenten. Dies alles lässt auf große Schwierigkeiten für den amtierenden Kanzler Kohl schließen.

An den vorangegangenen Beispielen zur ringförmigen Sonnenfinsternis vom 22. August 1998 haben wir gesehen, dass ein Hauptachsenkontakt, ein Bezug zur Sonne eines Präsidenten, oder auch die Deutung des Finsternishoroskopes auf einen bestimmten Ort, bzw. auf die Hauptstadt eines Landes zur Bestimmung des Wirkungsortes einer Finsternis beitragen kann. Wir können überdies feststellen, dass häufig die Kombination mehrerer Bezüge die Finsterniswirkung bestimmt.

Wann und wie lange wirkt eine Finsternis?

Eine wichtige Fragestellung für die Deutung von Finsternissen ist die Bestimmung von Wirkungszeitpunkt und Wirkungsdauer. Sehen wir auch hier zuerst, was Ptolemäus dazu sagt. Für die Ermittlung von Wirkungszeit und Wirkungsdauer einer Finsternis berechnet er ein Horoskop auf den Zeitpunkt der Finsternis und auf einen Ort, für den die Wirkungsdauer festgestellt werden soll. Zusätzlich wird die Dauer der Finsterniserscheinung in Äquatorstunden festgestellt. Nach der Formel 1 Jahr pro 1 Stunde Finsternisdauer bei Sonnenfinsternissen und 1 Monat pro 1 Stunde Finsternisdauer bei Mondfinsternissen bestimmt Ptolemäus die Wirkungsdauer einer Finsternis. Dann folgt ein recht kompliziertes Verfahren, den Zeitpunkt des Beginns und des Höhepunktes von Ereignissen zu ermitteln. Dabei ist entscheidend, wo sich im Finsternishoroskop der Finsternispunkt im Verhältnis zu den Hauptachsen befindet:

Zum Abschluss seiner Aussagen über den Wirkungszeitpunkt erwähnt Ptolemäus, dass die Wirkungen einer Finsternis auch durch Aspekte transitierender Planeten über den Finsternisgrad oder im Aspekt zu diesem aktiviert werden.

Finsternispunkt	Deutung
am AC	Beginn der Wirkung innerhalb von 4 Monaten nach der Finsternis. Höhepunkt im ersten Drittel der Gesamtdauer.
am MC	Beginn der Wirkung innerhalb der zweiten 4 Monate (zwischen dem 5. und 8. Monat) nach der Finsternis. Höhepunkt im zweiten Drittel der Gesamtdauer.

Am DC	Beginn der Wirkung innerhalb der dritten 4 Monate (zwischen dem 9. und 12. Monat) nach der Finsternis. Höhepunkt im letzten Drittel der Gesamtdauer.
am IC	keine Angabe bei Ptolemäus, da er nur Finsternisse beurteilt, die sichtbar sind. Steht das verfinsterte Licht am IC, ist es am Himmel nicht sichtbar und daher unwirksam.

Die Auslösung über Transite wurde bereits am Fall des Zugunglückes von Eschede beispielhaft erläutert. Dieses Verfahren ist eine sehr sichere Methode, den Wirkungshöhepunkt einer Finsternis zu prognostizieren. In meiner Praxis hat sich die Methode gerade deshalb als sehr überzeugend erwiesen, da sie klar und leicht nachvollziehbar ist. Auch der sehr pragmatische englische Astrologe William Lilly äußerte sich sehr positiv zu dieser Technik. Er schreibt dazu in seinem 1652 erschienenen Buch AN EASIE AND FAMILIAR METHOD WHEREBY TO JUDGE THE EFFECTS DEPENDING ON ECLIPSES: „*But if you will judge when particular remissions, or more hasty Intensions shall be, or in more plain language, if you would know when the effects would work with great force, when more slowly, you must take notice thereof from the severall Conjunctions, Oppositions, or Quadratures which shall be made either in that part, viz. Degree of the Sign wherein the Eclipse was,...*" („Aber wenn Sie beurteilen möchten, wann besondere Rückwirkungen oder heftige Steigerungen sein werden, oder einfacher ausgedrückt, wenn Sie wissen möchten, wann die Wirkungen mit großer Gewalt eintreten und wann sie langsamer kommen, müssen Sie besonders auf Konjunktionen, Oppositionen oder Quadrate achten, die in dem

Teil, bzw. Grad des Tierkreiszeichens sein werden, wo die Finsternis war, ...")

Im Kapitel über Finsternisse in der Finanzastrologie werden noch einige Beispiele zum Wirkungszeitpunkt folgen. Die Börsenastrologie ist geradezu prädestiniert dafür, um astrologische Techniken für die genaue Zeitbestimmung zu testen, denn man erhält dabei prompt das Ergebnis solcher Prognosen geliefert.

Die Wirkungsdauer einer Finsternis ist eine weitaus schwierigere Frage als die Ermittlung der Wirkungshöhepunkte. Als Faustregel gehe ich meistens davon aus, dass die Wirkung einer totalen oder ringförmigen Sonnenfinsternis bis zur nächsten totalen oder ringförmigen Sonnenfinsternis anhält. Im Normalfall wird also die Wirkung einer ringförmigen Finsternis von der nächsten Eklipse gleichen Typs, also wieder von einer ringförmigen Sonnenfinsternis abgelöst. Mondfinsternisse wirken dagegen höchstens ein paar Wochen. Die Wirkungsdauer einer Finsternis ist jedoch auch von ihrer Wirkungsstärke abhängig. Hat sie viele intensivierende Konstellationen, kann sie über eine viel längere Zeit wirken, als bis zur nächsten Finsternis gleichen Typs – ja sie kann sogar im Voraus wirksam sein. Ein solches größeres Ereignis ist die totale Sonnenfinsternis, die im Sommer 1999 zu sehen sein wird. Diese ragt unter den tausenden Finsternissen, die sich in den letzten Jahrhunderten ereignet haben, durch besondere Konstellationen hervor. Es gibt einige Anhaltspunkte dafür, dass sie schon seit Jahren spürbar ist. Jedes Mal, wenn ein Planet über diesen Finsternisgrad läuft, gibt es Ereignisse in der Welt, die mit den zukünftigen Geschehnissen in Zusammenhang stehen.

Nachdem in den vorangegangenen Kapiteln die Techniken und Verfahren behandelt wurden, mit denen man die Wirkungsstärke, den Ort der Wirkungen und die Wirkungszeit von Finsternissen ermittelt, geht es in diesem Kapitel um die Einschätzung der Art der Ereignisse. Wie bereits an früherer Stelle erwähnt, wirken Finsternisse ähnlich wie Pluto stark und transformierend, teilweise sogar extrem. Es ist aber nicht leicht zu bestimmen, auf welcher Ebene oder in welchem Lebensbereich sich eine Finsternis bemerkbar machen wird. Aus verschiedenen Konstellationen in einem Finsternishoroskop lassen sich jedoch einige Hinweise ableiten.

Prinzipiell beginnt man zunächst mit der Analyse der Grundwirkung einer Finsternis. Dabei werden die mundanen Konstellationen zum Zeitpunkt der Finsternis ohne Häuser betrachtet. Wichtig sind dabei vor allem die Planeten, die durch Aspekt, Disposition oder Rezeption mit dem Finsternisgrad verbunden sind. Diese Planeten zeigen durch ihre Natur die Wirkungsrichtung der Finsternis an. Dominant wirken dabei vor allem Planeten, die in Konjunktion mit dem Finsternisgrad stehen. Neben diesem Haupteinfluss sind auch auffällige akute Konstellationen wichtig, wie z.B. sehr exakte Aspekte oder Stellien.

Am Beispiel der totalen Sonnenfinsternis vom 26. Februar 1998 soll dies nun erläutert werden. Eine Reihe von Planeten sind am Finsternisstellium beteiligt. Jupiter steht in Konjunktion zum Finsternisgrad (Sonne und Mond). Gemäß dem alten Herrschersystem disponiert Jupiter über alle Planeten, die in den Fischen oder im Schützen stehen. Jupiter disponiert folglich auch über den Finsternisgrad auf 8° Fische. Eine Jupiter-Konjunktion mit dem Finsternisgrad deutet immer auf eine Erweiterung von Möglichkeiten hin, besonders wenn Jupiter keine hemmenden Aspekte erhält und in seinem eigenen Domizil so gut gestellt ist. Prinzipiell ist eine Jupiter-Beteiligung bei einer Finsternis eine sehr positive Sache. In den Fischen könnte dies zum Beispiel im Bereich von Heilung und Regeneration neue Impulse bringen. Tatsächlich hat es während der Wirkungszeit dieser Finsternis zwei interessante Neuigkeiten in diesem Bereich gegeben. Zum einen wurde ein Durchbruch in der Bekämpfung von Krebs erreicht. Es ist zu erwarten, dass die neuen Erkenntnisse schon bald als Medikament in die klinische Testphase am Menschen umgesetzt werden können. Als zweites wurde in der Transplantationsmedizin erstmals eine komplette Hand mit einem Stück Unterarm verpflanzt.

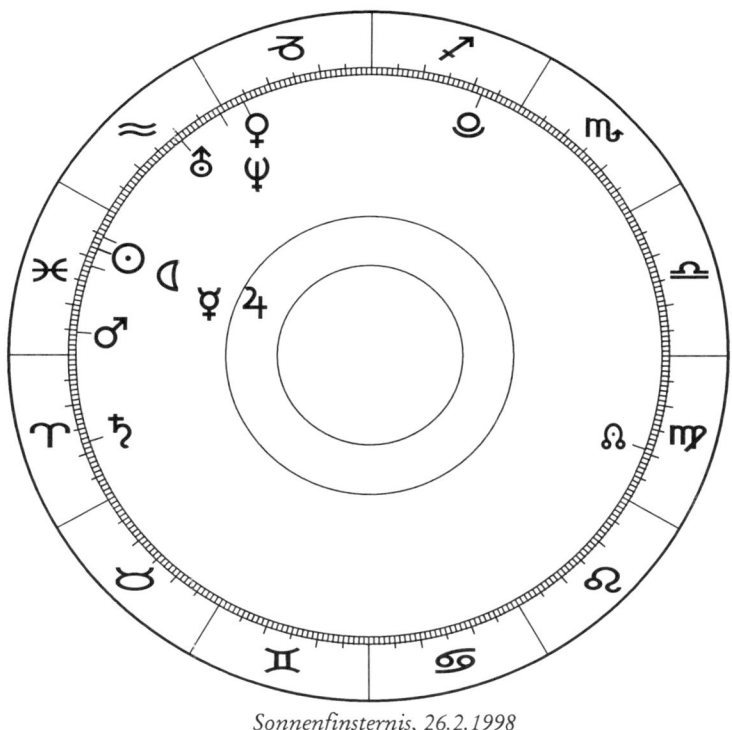

Sonnenfinsternis, 26.2.1998

Neben der Jupiter/Sonne-Konjunktion ist die auffälligste Konstellation der enge Aspekt zwischen Merkur und absteigendem Mondknoten im Quadrat zu Pluto. Da Merkur in der Nähe des Finsternisgrades steht, kann man mit Auswirkungen in merkurischen Bereichen rechnen. Dies betrifft zum Beispiel das Verkehrs- und Transportwesen, Computer, Handel und Kommunikation. Merkur steht in den Fischen im Fall und wird durch die Konjunktion mit dem absteigenden Mondknoten und einem Quadrat von Pluto stark belastet. Daraus folgt, dass mit Störungen und Unfällen in den merkurischen Bereichen zu rechnen ist. Während der Wirkungszeit dieser Finsternis geschahen das tragische Zugunglück in Eschede und der Absturz der Swissair-Maschine vor Halifax.

Außer dem Finsternisstellium mit Jupiter, Merkur und Mondknoten (mit Pluto-Quadrat) gibt es keine weiteren besonderen Konstellationen. Damit ist die Analyse der Grundwirkung dieser Finsternis abgeschlossen.

Indem man nun ein vollständiges Horoskop auf einen bestimmten Ort berechnet, wird die Grundwirkung einer Finsternis individuell modifiziert. Dieses Finsternishoroskop bringt abhängig vom Aszendenten die Grundwirkungen der Finsternis in einen spezifischen und nur für einen bestimmten Ort geltenden Zusammenhang. Vom Aszendenten eines Horoskops hängen die Häuser und damit auch die Herrscherbeziehungen ab. Der Aszendent ergibt sich aus der Kombination einer bestimmten Zeit mit einem bestimmten Ort. Da der Zeitpunkt einer Finsternis vorgegeben ist, entscheiden nur noch die Ortskoordinaten über den Aszendenten eines Finsternishoroskopes. Folglich erhalten wir an verschiedenen Orten auch verschiedene Aszendenten für die Finsternis. Schauen wir uns dazu eine Grafik an. In der astrokartographischen Abbildung sind nur die Tierkreiszeichengrenzen für den Aszendenten eingezeichnet.

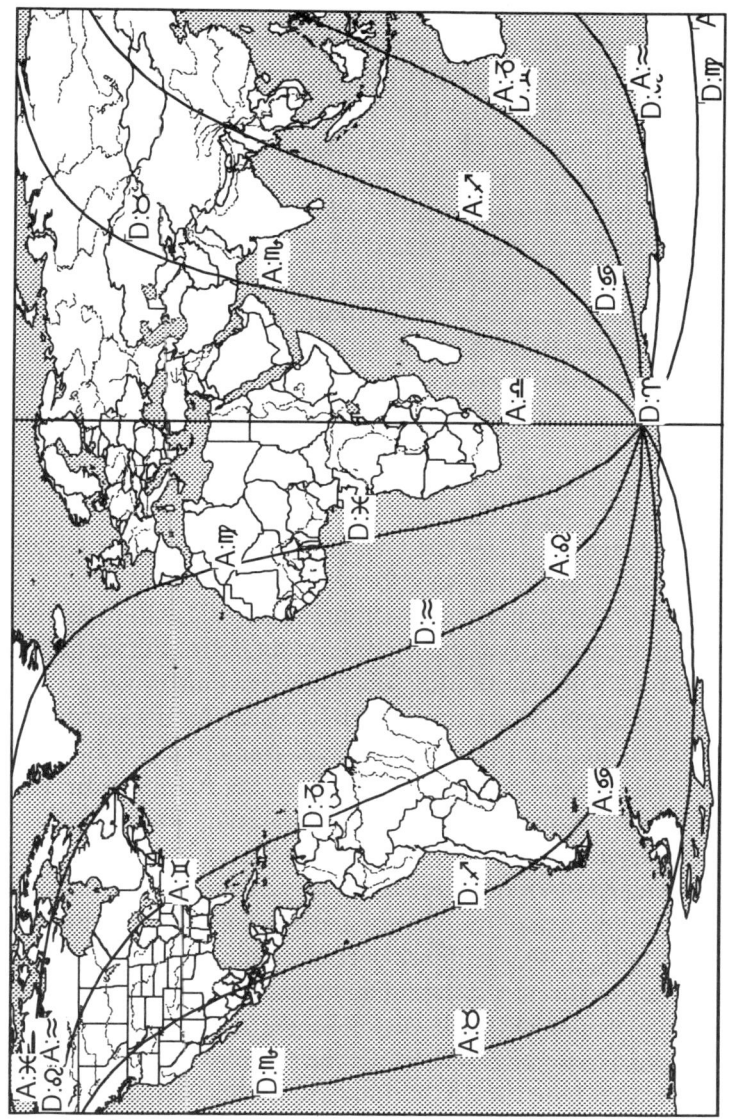

AKG der Finsternis vom 26.2.1998 mit Grenzen der Tierkreiszeichen

Global betrachtet gibt es also zum Zeitpunkt einer Finsternis alle zwölf möglichen Aszendenten und MCs. Nach der Theorie von Ptolemäus verändert sich die Wirkung einer Finsternis entsprechend den Tierkreiszeichen am Aszendenten. Deutet man das Horoskop einer Finsternis für einen bestimmten Ort, ist der Aszendent vor allem deshalb ein so wesentlicher Faktor für die Deutung, weil er den Herrscher des 1. Hauses bestimmt. Dieser hat ein besonderes Gewicht in der Deutung des Finsternishoroskopes, da von ihm auch die Wirkungsentfaltung des Finsternisgrades abhängt.

Beispielsweise kommt die Grundwirkung einer Finsternis bei einem Krebs- oder Löwe-Aszendenten weitgehend ungehindert zum Tragen, da der Herrscher von Haus 1 (Sonne oder Mond) immer mit dem Finsternisgrad identisch ist. Fällt der Finsternisgrad – wie am 26. Februar 1998 – in das Zeichen Fische, ergibt dies eine besondere Wirkung für alle Orte, an denen Schütze- oder Fische-Aszendenten im Finsternishoroskop aufgehen. Bei diesen Aszendenten ist Jupiter der Herrscher des 1. Hauses (bei Fische-AC ist Jupiter der traditionelle Herrscher) und disponiert über den Finsternisgrad. Jupiter ist Dispositor über alle Planeten und Punkte, die in den Zeichen Schütze oder Fische stehen. In diesem Fall ist die Wirkung der Finsternis in stärkerem Maße von Jupiter abhängig. Steht der Herrscher des Aszendenten in einer Aspektverbindung mit dem Finsternisgrad, werden sich die Wirkungen einer Finsternis auch auf dem Gebiet zeigen, das dem Aszendentenherrscher untersteht.

Für die Feinanalyse der Finsterniswirkungen hat uns Ptolemäus einige Regeln überliefert, die ich an dieser Stelle zusätzlich anführen möchte. Demnach lässt sich die Art der Ereignisse auch aus folgenden Faktoren ableiten:

1. Das Tierkreiszeichen, in das die Finsternis fällt. Ptolemäus bezieht sich hier auf das verfinsterte Licht. Bei einer Sonnenfinsternis ist das Tierkreiszeichen gemeint, in dem die ver-

dunkelte Sonne steht – bei einer Mondfinsternis das Tierkreiszeichen des Mondes. Dies ist jedoch eine sehr unspezifi-
sche Deutungsmethode, die noch durch andere Faktoren ergänzt werden muss.

2. *Die Fixsternbilder, in die der Finsternisgrad fällt.* Dieser
Deutungsansatz ist sehr interessant. Die Sternbilder am
Himmel beruhen auf mythologischen Geschichten und sym-
bolisieren Personen aus der Mythologie. Die antiken Astrologen konnten aufgrund der Interpretation der Fixsternkonstellationen exzellente Interpretationen und beeindruckende
Prognosen erstellen.

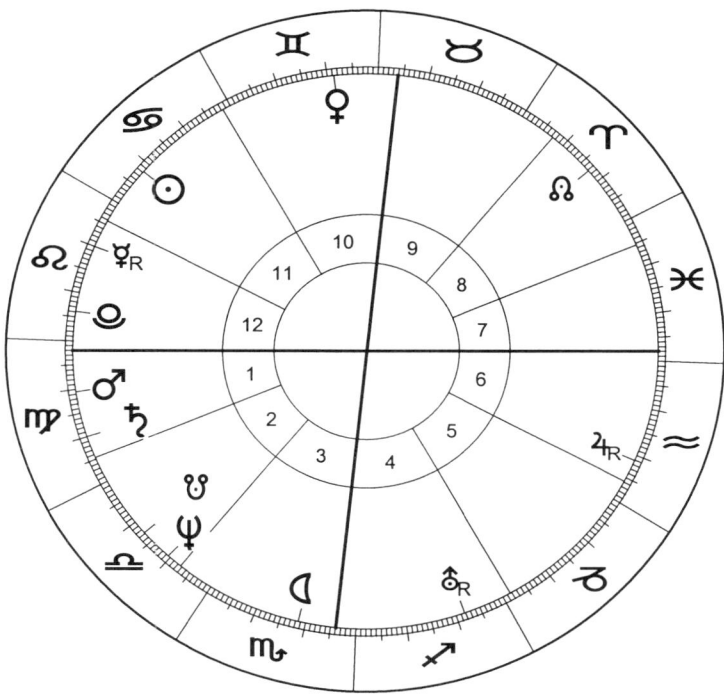

Schiff auf See, 14.7.479, 8:04, Ort unbekannt

Als Beispiel sei hier nur kurz ein Horoskop des griechischen Astrologen Palchus erwähnt. In diesem Horoskop ging es um ein Schiff, das durch den Aszendenten repräsentiert wurde. Der Aszendent fiel in das Sternbild Jungfrau, woraus Palchus schloss, dass auf diesem Schiff Vögel als Fracht geladen sein müssten. Wie der Ausgang der Geschichte zeigte, lag er mit dieser Aussage richtig. Aber wie kam Palchus dazu, das Sternbild Jungfrau mit Vögeln in Verbindung zu bringen? Die Jungfrau ist ein sogenanntes doppelkörperliches Zeichen, das eine junge Frau mit Flügeln darstellt. Auch Ptolemäus ordnet geflügelte Sternbildgestalten ganz allgemein Vögeln und Federvieh zu.

Um zu solchen Schlussfolgerungen gelangen zu können, muss man allerdings in der Welt der Fixsterne und Sternbilder zu Hause sein. Für den ersten Anfang sind Ptolemäus' Zuordnungen der Sternbilder für die Interpretation von Finsternissen im Folgenden aufgeführt.

- Alle menschlichen Figuren bringen etwas die Menschen Betreffendes
- Schlangenbilder künden lange anhaltendes Unheil
- Tierbilder deuten auf elementar Ausbrechendes
- Zahme Tiere: Schaden für Vieh und Haustiere
- Nördliche Erdbilder: Erdbeben
- Südliche Erdbilder: große, unerwartete Regengüsse oder Unwetter
- beflügelte Gestalt (z.B. Jungfrau, Schütze oder Schwan): Schaden für Vögel und Federvieh
- wässrige Zeichen: Schaden für Fische und Wassergetier
- Seesternbilder (Krebs, Steinbock, Delphin): Unheil auf dem Meer, für die Schifffahrt
- Bilder fliessender Gewässer (Wassermann, Schiff Argo, Fische) zielen auf Flusstiere und Quellen

- äquinoktiale und tropische (=kardinale) Sternbilder: Schaden durch Witterung
- Frühlingszeichen fördern Wachstum, Weinbau, Früchte
- Sommerzeichen betreffen Schaden für die Ernte und Import von Früchten
- Herbstzeichen verursachen Schaden für Saat und Ertrag
- Winterzeichen beziehen sich auf Ölbau, Vögel, Fische der Winterzeit
- Äquinoktialzeichen ziehen Reformationen von Religions- und Opferbräuchen nach sich
- tropische Zeichen bringen Reformationen in Geldangelegenheiten und Herrschaft (Regierung)
- feste Zeichen (Stier, Löwe, Skorpion, Wassermann) bedeuten Schaden an Gebäuden und Grundeigentum
- doppelkörperliche Zeichen (Zwillinge, Jungfrau, Schütze, Fische) bringen Schaden für Menschen und Könige

3. Planeten und Fixsterne des Tierkreiszeichens, in das die Finsternis fällt. An dieser Stelle meint Ptolemäus nicht die Sternbilder und Fixsternkonstellationen, sondern eine ganz bestimmte Auswahl an Fixsternen erster Ordnung.

Alle Planeten, die sich während einer Finsternis in dem Tierkreiszeichen aufhalten, in dem das verfinsterte Licht steht, haben demnach eine Bedeutung für die Art der bevorstehenden Ereignisse. Dies erscheint logisch, da auch alle Planeten, die sich im Zeichen der Finsternis aufhalten, vom gleichen Dispositor beherrscht werden.

4. Der Herrscher über den Finsternisgrad, seine Natur und seine Aspekte. Der Herrscher über den Finsternisgrad ist einer der traditionellen Planeten zwischen Merkur und Saturn oder eines der Lichter. Leider ist die Bestimmung dieses Herrschers bei Ptolemäus aber eine Wissenschaft für sich, und keine einfache. Hat man den Herrscher einmal bestimmt, so ist seine Natur für die Art der Ereignisse entscheidend, ebenso wie sein akzidentieller und essentieller Zustand und seine Aspekte. Ptolemäus bringt dazu folgende Deutungen:

- Saturn als Herrscher der Finsternis verursacht Zerstörung und chronische Krankheiten
- Jupiter bringt Wachstum und Zunahme von allem und Ruhm mit sich
- Mars bringt Zerstörung durch dörrende Glut, Krieg, Feuer und Fieber
- Venus wirkt ähnlich wie Jupiter
- Merkur fördert das schnellere Eintreten von Wirkungen; da sich Merkur dem Planeten anpasst, mit dem er in Verbindung steht, hängt seine Wirkung von den begleitenden bzw. aspektierenden Planeten ab.

In der Praxis fand ich die Analyse des Finsternisherrschers nicht sehr hilfreich für die Bestimmung der Wirkungen. Für diejenigen, die jedoch damit experimentieren möchten, habe ich im Anhang die Regeln des Ptolemäus zur Bestimmung des Finsternisherrschers erläutert.

5. Die Tierkreiszeichen und Fixsternbilder, in welche der Herrscher der Finsternis fällt. Bei diesem Punkt gilt dasselbe, das etwas weiter oben bereits über den Finsternisgrad gesagt wurde.

6. Fixsterne erster Ordnung, die eine enge Konjunktion mit der Finsternis, dem AC oder dem MC bilden. Hier handelt es sich wieder um die Hauptfixsterne, die sich eventuell in enger Konjunktion mit dem Finsternisgrad befinden, oder eine Konjunktion mit AC oder MC des Finsternishoroskopes bilden. Ein Beispiel dafür ist die bereits besprochene ringförmige Sonnenfinsternis vom 22.8.1998. Mit einem Finsternisgrad in Konjunktion zum Fixstern Regulus werden die Auswirkungen vor allem bei Herrschern, Präsidenten und Regierungschefs auftreten, wie an früherer Stelle gezeigt wurde.

7. Zeichen an den Eckhäusern. Ptolemäus bezieht sich an dieser Stelle auf die Tierkreiszeichen der Hauptachsen eines Finsternishoroskopes, insbesondere auf den Aszendenten.

Checklisten zur Deutung von Finsternissen

	Wirkungsintensität (vgl. S. 53ff.)
Finsternistyp:	Sonnen- oder Mondfinsternis? partiell oder total? ringförmig oder penumbral?
Finsternisgrad:	Aspekte auf den Finsternisgrad? Finsternisgrad auf einem Fixstern?
Finsternishoroskop:	Hauptachsenbezüge?
AKG:	Linien nahe von Hauptstädten?

	Ort der Wirkungen (vgl. S. 67ff.)
AKG:	Planetenlinien durch Städte und Hauptstädte
Finsternisgrad:	in einem exakten Aspekt (Konjunktion, Opposition oder Quadrat) zu Sonne, AC oder MC einer Stadt, eines Landes, eines Regierungschefs
Finsternisgrad:	in einem Tierkreiszeichen, das einer bestimmten Stadt oder einem Land zugeordnet wird

Wirkungszeit und Wirkungsdauer (vgl. S. 79ff.)	
Wirkungszeit:	Transite über den Finsternisgrad zur Bestimmung von Wirkungshöhepunkten.
Wirkungsdauer:	bis zur nächsten Finsternis des gleichen Typs. Bei hochwirksamen Finsternissen sehr lange andauernde Wirkung.

Art der Wirkung und wichtige Elemente eines *Finsternishoroskopes (vgl. S. 82ff.)*	
Finsternisgrad:	Entsprechend der Natur der Planeten, die eine Beziehung zum Finsternisgrad haben.
Finsternisgrad:	Entsprechend der Natur des Fixsterns, der in enger Konjunktion mit dem Finsternisgrad steht.
Konstellationen:	Exakte oder auffällige Aspekte oder Stellien
Aszendent des Finsternishoroskops	
Herrscher von 1 des Finsternishoroskops nach Hausposition	

Finsternisse im Radix

Die meisten Menschen wurden wahrscheinlich nicht während einer Finsternis geboren und erleben deshalb deren Wirkung nur dann, wenn eine Finsternis direkt auf einen wichtigen Planeten oder eine Hauptachse fällt. Diese können bedeutende Ereignisse im Leben eines Menschen anzeigen.

Häufig sind dies Schlüsselerlebnisse, die eine Lebenswende auslösen können.

Solche außergewöhnlichen Wirkungen kommen jedoch nicht bei jeder Finsternis vor, sondern nur dann, wenn ein Hauptaspekt zwischen dem Finsternisgrad einer totalen oder ringförmigen Sonnenfinsternis mit einem Radixplaneten oder dem Radix-Aszendenten oder dem MC gegeben ist. Schwächere Wirkungen oder zeitlich kürzer andauernde Einflüsse ergeben sich bei einer Aspektverbindung mit dem Finsternisgrad einer partiellen Sonnenfinsternis oder einer Mondfinsternis.

Der Wirkungsbereich hängt davon ab, welcher Planet oder persönliche Punkt vom Finsternisgrad betroffen wird, in welchem Haus dieser Planet steht und über welche Häuser er herrscht. Ob die Finsternis eine eher belastende oder eine fördernde Wirkung hat, hängt unter anderem auch vom Horoskop der Finsternis selbst ab. Eine stark saturnin ausgeprägte Finsternis (z.B. Saturn im Quadrat zum Finsternisgrad) wird einen eher einschränkenden oder regulierenden Einfluss haben.

Bill Gates und der Aufstieg von Microsoft

Da man in der Astrologie das Funktionieren einer Methode am einfachsten an extremen Beispielen erkennen kann, möchte ich die Wirkung von Finsternissen im Radix am Beispiel des Horoskops von Bill Gates erläutern. Der kometenhafte Aufstieg von Microsoft geht mit einer Reihe von außergewöhnlichen Finsternis-Konstellationen im Horoskop von Bill Gates einher.

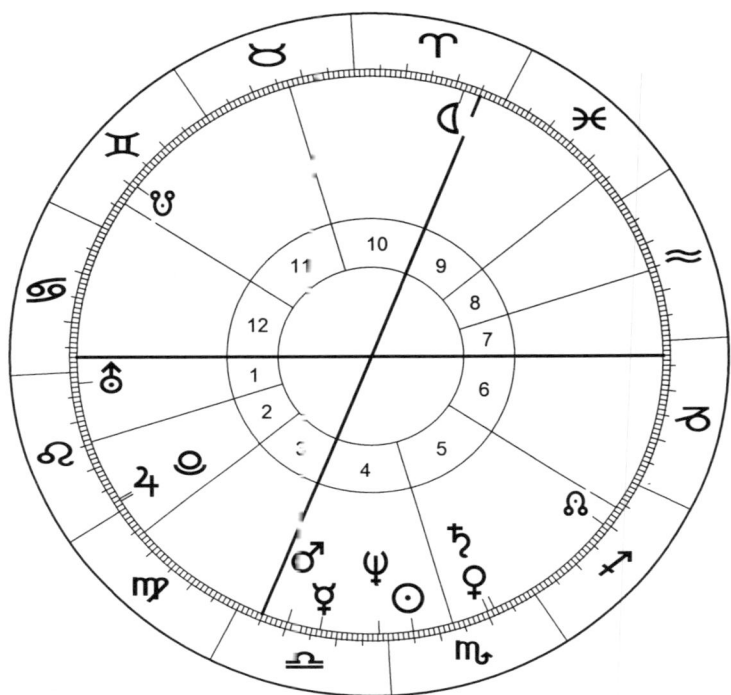

Bill Gates, 28.10.1955, 22:00, Seattle

1975 wurde Microsoft gegründet. In den ersten Jahren, 1976 bis 1979, war die Firma noch sehr klein und unbeachtet. Sie wuchs in diesen Jahren langsam auf zwölf Angestellte an. Das Geschäft bestand hauptsächlich aus BASIC-Programmierungen und dem Verkauf von MS-DOS in kleinem Rahmen. 1979 zog die Firma von Albuquerque nach Seattle um. In der nun folgenden Zeit wuchs Microsoft immer schneller und im Sommer 1980 begann der große Aufstieg mit dem Knüpfen der ersten Kontakte zu IBM und dem Einstieg in das sehr erfolgreiche Geschäft mit dem Betriebssystem MS-DOS.

Die auffälligste Konstellation in Bill Gates Horoskop ist zweifellos die äußerst enge applikative Konjunktion zwischen Jupiter und Pluto auf 28° Löwe in der Nähe des Fixsterns Regulus (29° Löwe). Diese Konstellation haben jedoch alle Menschen, die zwei Wochen vor bzw. zwei Wochen nach Bill Gates geboren sind. Bei Gates ist dieser Aspekt der exakteste harte Aspekt (Konjunktion, Quadrat, Opposition) im Horoskop. Wir finden jedoch auch noch andere auffällig exakte Aspekte. Die applikative Konjunktion zwischen Venus und Saturn auf 21° Skorpion mit einem Orbis von 1°21' und die ebenfalls applikative Opposition zwischen Mond und Mars auf 8°-10° Widder-Waage mit einem Orbis von 1°52'. Die beiden zuletzt genannten Konstellationen schränken den Zeitraum stark ein, in dem man theoretisch geboren sein muss, um ähnliche kosmische Voraussetzungen wie Bill Gates zu haben. Die Venus/Saturn-Konjunktion verkleinert den vorher genannten Zeitraum von vier Wochen auf etwa fünf Tage; die Opposition zwischen Mond und Mars auf etwa zwölf Stunden. Geht man davon aus, dass der Mond Herrscher des 1. Hauses und Mars gleichzeitig Herrscher von Haus 10 sein muss, wobei der Mond im 10. Haus stehen sollte, dann ergibt sich schließlich ein Zeitfenster von insgesamt etwa 35 Minuten, und das nur an bestimmten Orten!

Die drei Hauptkonstellationen im Horoskop von Bill Gates prägen bestimmte Tierkreisgrade, die besonders empfindlich auf Transite und Finsternisgrade reagieren. Wir fassen noch einmal die Tierkreisgrade zusammen, die in Bill Gates Horoskop eine wichtige Rolle spielen:

28° Löwe	Jupiter Konjunktion Pluto, Regulus
21° Skorpion	Venus Konjunktion Saturn
8° Widder	Mond (Opposition Mars), Herr von 1
10° Waage	Mars (Opposition Mond), Herr von 10

Werfen wir nun einen Blick auf die totalen und ringförmigen Finsternisse der Jahre 1979 und 1980, die dem ersten geschäftlichen Durchbruch unmittelbar vorangingen:

22.2.79   ringförmige Sonnenfinsternis auf 29° Löwe
16.2.80   totale Sonnenfinsternis auf 27° Wassermann

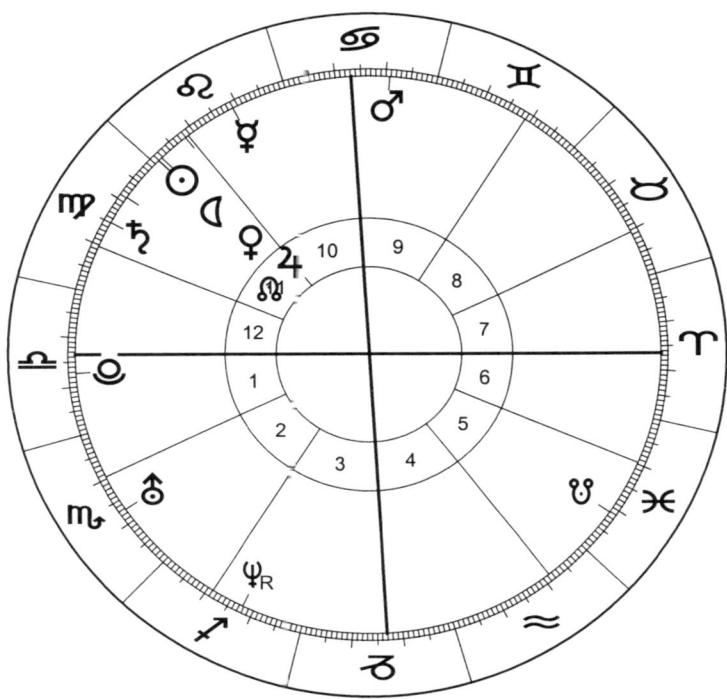

Sonnerfinsternis, 22.8.1979, Seattle

Vergleicht man die Finsternisgrade dieser Sonnenfinsternisse mit der Liste der wichtigen Tierkreisgrade von Bill Gates, dann fällt sofort der Bezug zur Jupiter/Pluto-Konjunktion seines Horoskopes auf. Jupiter hat als Herrscher des 6. Hauses mit dem Erwerbsleben zu tun und erhält nun durch die

Finsternisse zusätzliche Energie. Die oben genannten beiden Finsternisse wiederholen sich übrigens exakt 19 Jahre später in den Jahren 1998 am 22. August und 1999 am 16. Februar.

Das Finsternishoroskop vom 22. August 1979 erweist sich als besonders wirksam, da sowohl der Fixstern Regulus als auch die Venus in enger Konjunktion mit dem Finsternisgrad stehen. Venus ist im Finsternishoroskop, das auf Seattle berechnet wurde, zudem Herrscherin des 1. Hauses, was ihr zusätzlich positives Gewicht verleiht. Für Bill Gates kann man folglich mit außergewöhnlich positiven Effekten der Finsternis rechnen.

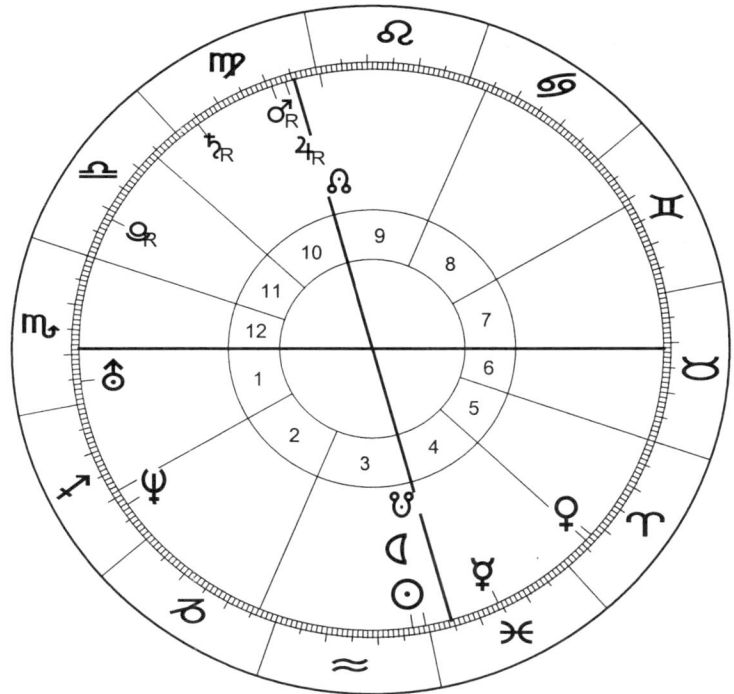

Sonnenfinsternis, 16.2.1980, Seattle

Die zweite Finsternis hat den Finsternisgrad in Opposition zur Jupiter/Pluto-Konjunktion von Bill Gates. Das ist nicht ganz so wirkungsvoll wie eine Konjunktion. Auch ist kein Planet beteiligt. Aber diese zweite Finsternis frischt die Wirkung der ersten nochmals auf.

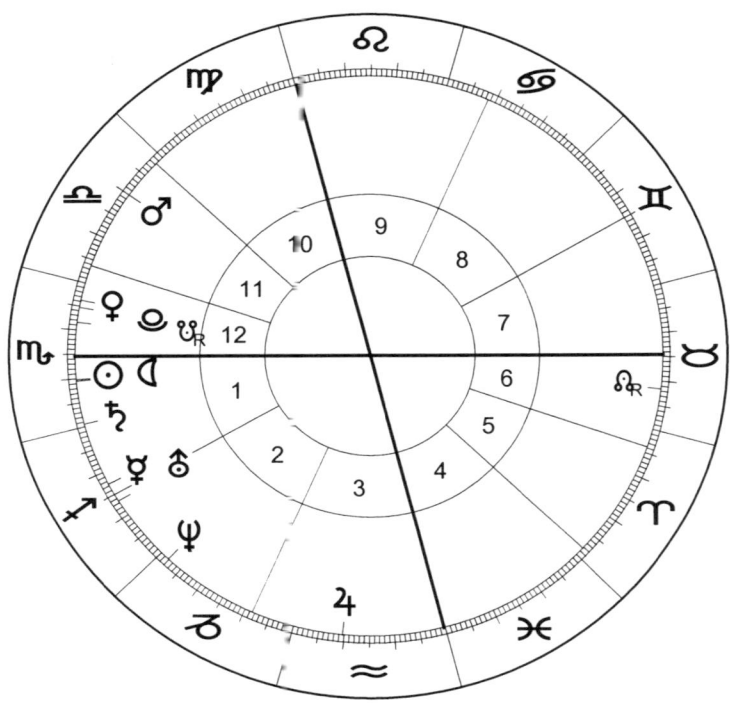

Sonnenfinsternis, 12.11.1985, Seattle

In der Unternehmensgeschichte von Microsoft beginnt im Jahre 1980 mit dem ersten Kontakt zu IBM ein kometenhafter Aufstieg. 1981 beginnt die Partnerschaft mit IBM bezüglich des Betriebssystems MS-DOS, 1983 beginnt die Entwicklung des Betriebssystems Windows.

Das Unternehmen wächst sehr schnell und geht an die Börse am 13.3.1986. Der Börsengang ist ein weiterer Höhepunkt in der Unternehmensgeschichte. Hauptmotivation für den Börsengang war die Beteiligung der Mitarbeiter am Erfolg des Unternehmens. Diese Loyalität gegenüber den Mitarbeitern ist eine typische Eigenschaft der Venus/Saturn-Konjunktion im Horoskop von Bill Gates. Auch diese Ereignisse spiegeln sich in den Finsternissen wider.

Bei der totalen Sonnenfinsternis vom 12. November 1985 befindet sich der Finsternisgrad exakt auf der Venus/Saturn-Konjunktion von Bill Gates. Die Finsternis aktiviert diese Konstellation und verstärkt sie.

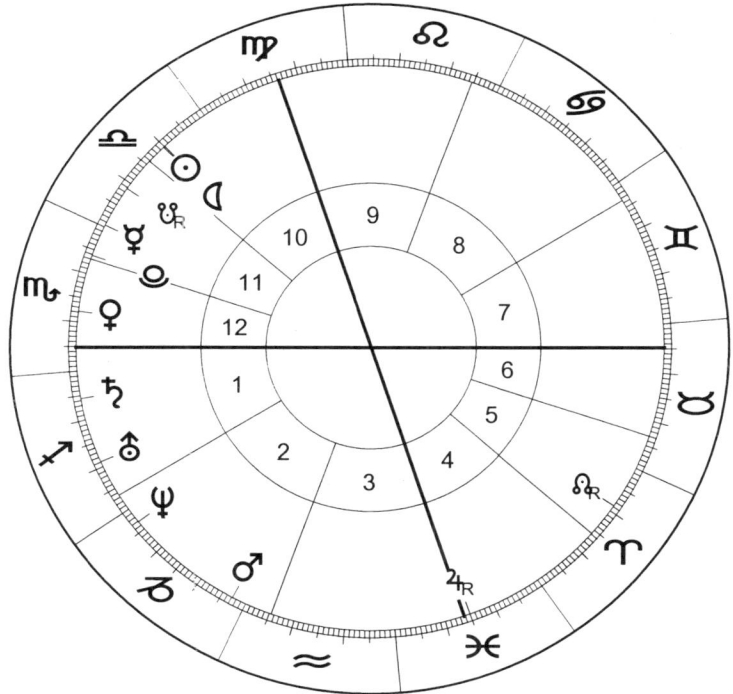

Sonnenfinsternis, 3.10.1986, Seattle

99

Die Microsoft-Aktie wird schließlich ein sehr großer Erfolg, und das Unternehmen vergrößert sich nach dem Börsengang mit seinem Produkt, dem Betriebssystem Windows, ungemein. Auch die dem Börsengang folgenden Sonnenfinsternisse fallen auf wichtige Radixpunkte von Bill Gates.

Die totale Sonnenfinsternis am 3. Oktober 1986 fällt auf 10° Waage, den Radix-Mars von Bill Gates. Dieser Mars ist Herrscher des 10. Hauses und damit für die Belange der Karriere wichtig. Durch die Opposition des Finsternisgrades zum Radix-Mond wird auch der Herrscher des Aszendenten verstärkt.

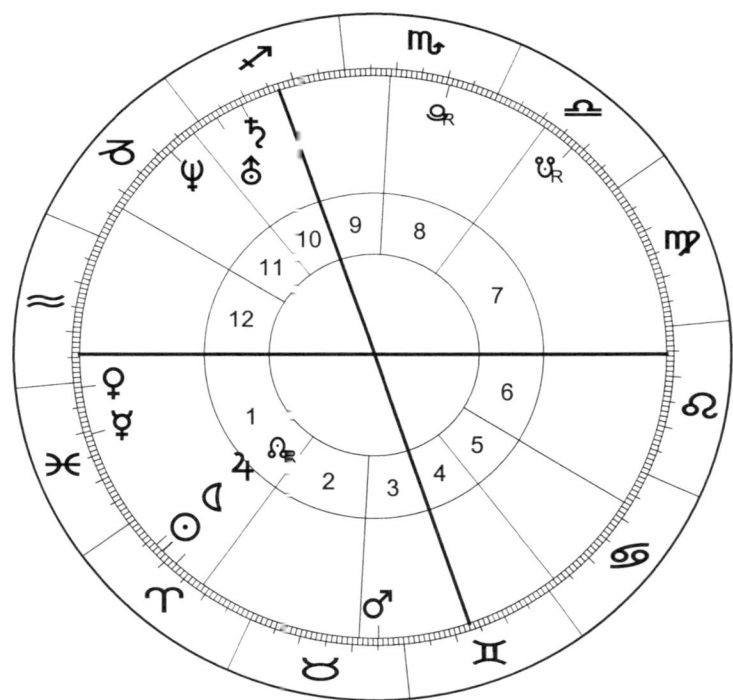

Sonnenfinsternis, 29.3.1987, Seattle

Im Frühjahr 1987 schließt dann die ringförmige Sonnenfinsternis auf 8°17' Widder die Serie der Finsternisse, die auf wichtige Radixpunkte von Bill Gates fallen, ab. Diese Finsternis vom 29.3.1987 fällt mit nur 2 Bogenminuten Abweichung exakt auf den Radix-Mond, den Herrscher des Aszendenten von Bill Gates. Zudem steht Jupiter in enger Konjunktion mit dem Finsternisgrad, was der Finsternis zu einer äußerst positiven und erweiternden Wirkung verhilft. Diese große positive Energieladung ergießt sich nun auf den Herrscher des 1. Hauses und seinen Mond. Zu diesem Zeitpunkt schaffte Microsoft den Durchbruch zur Weltspitze und zum Software-Giganten.

Richard Nixons Aufstieg und Fall

Die Geschichte von Richard Nixons Präsidentschaft ist ein gutes Beispiel für die Ambivalenz von Finsterniswirkungen. Man kann Finsternisse nicht generell in die Kategorie der klassischen Wohl- oder Übeltäter einordnen, da Finsternisse sehr stark in beide Richtungen wirken können. Am Beispiel von Nixon erkennen wir, dass ihn die Auswirkung einer Finsternis an die Macht und die Folgen einer anderen ihn zu Fall gebracht haben. Werfen wir zunächst einen Blick auf die Radixkonstellationen und die exakten Aspekte in seinem Geburtshoroskop.

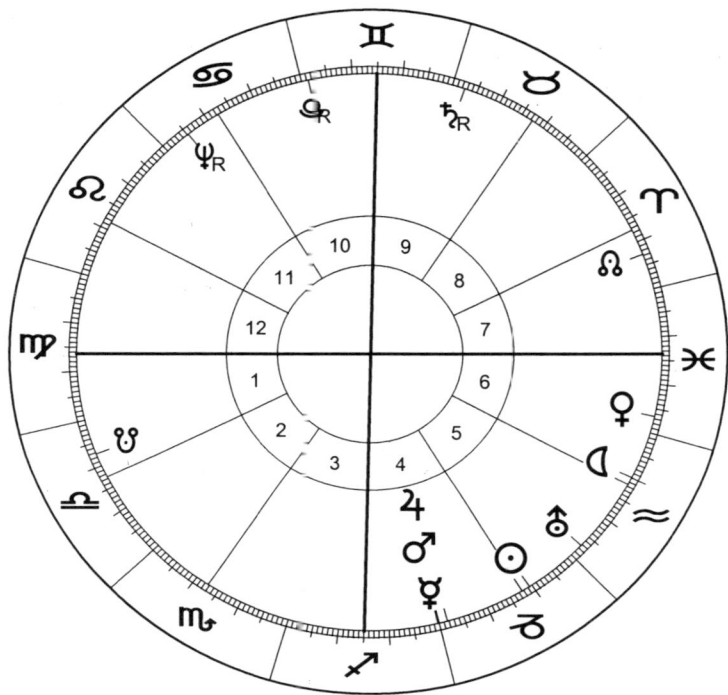

Richard Nixon, 9.1.1913, 21:30, Yorba Linda

Auf 29° Schütze bzw. 0° Steinbock finden wir eine exakte separative Konjunktion zwischen Merkur und Mars mit einem Orbis von nur 16 Bogenminuten. Diese Konjunktion ist der genaueste Aspekt des Horoskops und bekommt noch dadurch zusätzliches Gewicht, dass Merkur der Herrscher des 1. und 10. Hauses ist. Merkur ist damit der wichtigste Planet in diesem Horoskop. Nach alter Überlieferung ist er ein Planet, der sich gerne der Natur seiner Aspektpartner anpasst. In einer derart engen Konjunktion mit Mars übernimmt Merkur viele Eigenschaften von Mars, was sich natürlich auch auf die Grundeigenschaften der Persönlichkeit

Finsternis zusätzlich an Wirkungsintensität. In Bezug zum Horoskop von Richard Nixon fällt der Finsternisgrad in ein sehr exaktes Quadrat zu seinem Geburtsherrscher Merkur mitsamt dem damit verbundenen Stellium. Interessant ist auch, dass der Jupiter des Finsternishoroskopes auf den Aszendenten von Richard Nixon fällt. Wir haben hier also eine positive Aktivierung von Nixons Machtkonstellationen.

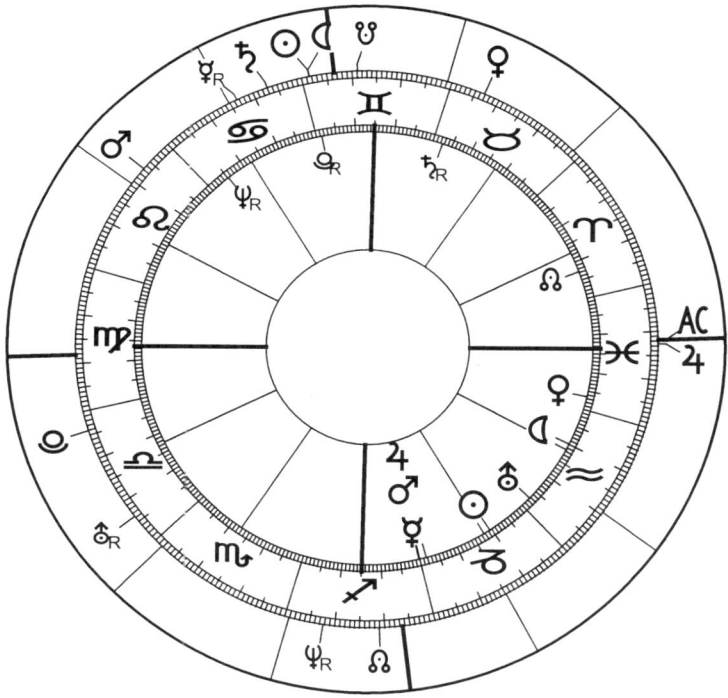

Innen: Nixon, außen: Finsternis vom 20.6.1974

Aufgrund des Watergate-Skandals musste Richard Nixon am 8. August 1974 zurücktreten, um einer Amtsenthebung durch den Senat zu entgehen. Nixon war der erste amerikanische Präsident, der se_ne Amtszeit auf diese Weise vorzeitig beenden musste. Hintergrund des Skandals war ein Einbruch, der sich im Sommer 1972 im Washingtoner Hotel Watergate ereignet hatte. Zu diesem Zeitpunkt war das Hotel das Hauptquartier der Demokraten. Zwischen den Einbrechern und der Nixon-Administration gab es Verbindungen, die auf unlautere Methoden im politischen Machtkampf hindeuteten. Die Ermittlungen von zwei Journalisten deckten ein Netzwerk von fragwürdigen Machenschaften und Machtspielchen auf, wobei sich das Weiße Haus durch restriktive und täuschende Informationspolitik immer tiefer in den Skandal verstrickte. Die letzte totale Sonnenfinsternis vor dem Rücktritt des Präsidenten war am 20. Juni 1974.

Der Finsternisgrad fällt auf 28°30' Zwillinge und aktiviert über die Konjunktion mit Nixons Radix-Pluto und die Opposition zu Nixons Stellium dessen Kernkonstellationen. Der Finsternis-Saturn bildet gleichzeitig ein Quadrat zu Nixons Mondknotenachse und der Finsternis-Jupiter steht im Quadrat zur Finsternis-Mondknotenachse und exakt am Deszendenten von Nixon. Die erste Amtshandlung des nachfolgenden Präsidenten Gerald Ford nach seiner Vereidigung war die Begnadigung von Richard Nixon am 9. August 1974.

Zusammenfassung: Finsternisse im Radix

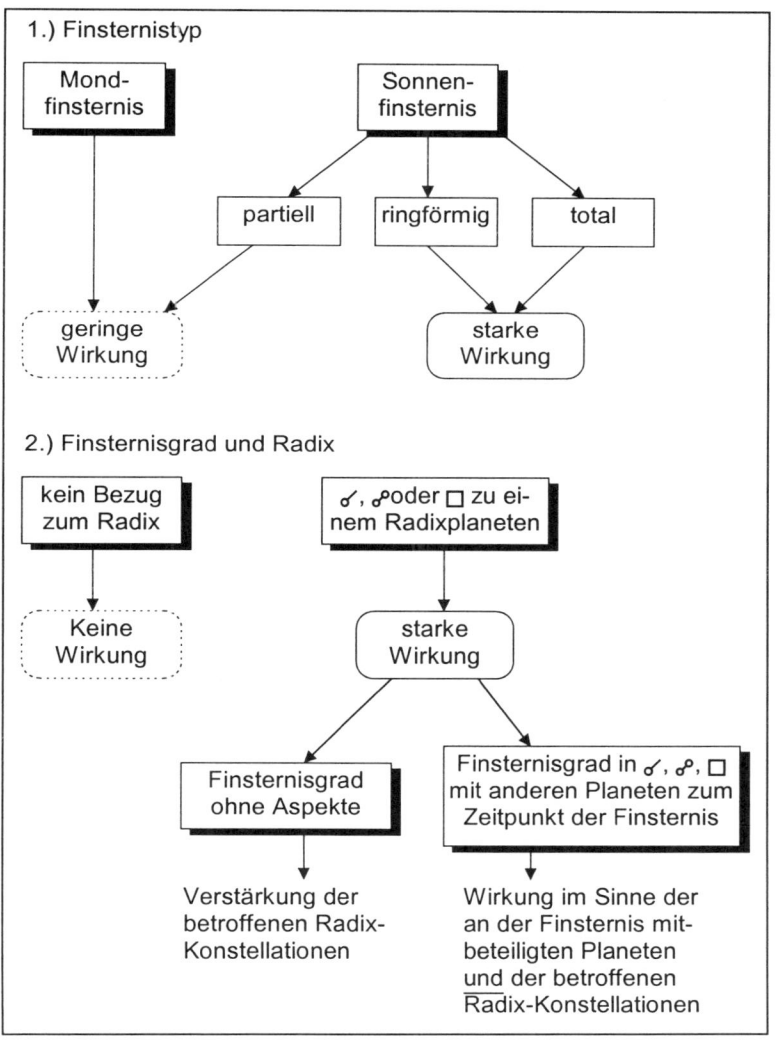

1.) Finsternistyp

Mondfinsternis

Sonnenfinsternis

partiell — ringförmig — total

geringe Wirkung

starke Wirkung

2.) Finsternisgrad und Radix

kein Bezug zum Radix

♂, ☌ oder □ zu einem Radixplaneten

Keine Wirkung

starke Wirkung

Finsternisgrad ohne Aspekte

Finsternisgrad in ♂, ☌, □ mit anderen Planeten zum Zeitpunkt der Finsternis

Verstärkung der betroffenen Radix-Konstellationen

Wirkung im Sinne der an der Finsternis mitbeteiligten Planeten und der betroffenen Radix-Konstellationen

Finsternisse in der Mundanastrologie

Einige Deutungsansätze für Finsternisse in der Mundanastrologie wurden bereits an früherer Stelle in diesem Buch vorgestellt, so zum Beispiel das Zugunglück in Eschede. Andere Hinweise finden sich im Kapitel der systematischen Deutung von Finsternissen.

Was die präzise Einschätzung des Wirkungszeitpunktes und des Wirkungsbereiches einer Finsternis betrifft, lassen sich vor allem in der Finanzastrologie neue Ansätze am besten überprüfen. Deshalb habe ich aus der Börsenastrologie im Folgenden noch einige Beispiele für Finsternisdeutungen angeführt.

Finsternisse in der Finanzastrologie

Nicht alle Finsternisse wirken gleich stark auf die Marktbewegungen an der Börse ein. Den größten Einfluss haben auch hier die totalen und ringförmigen Sonnenfinsternisse. Besonders wichtig bei der Betrachtung von Finsternissen ist der Finsternisgrad. Man sollte auch auf Konjunktionen, Quadrate und Oppositionen anderer Planeten auf diese Punkte achten. Je mehr Planeten dabei in einem Hauptaspekt zu Sonne und Mond stehen, desto größer ist der Einfluss der Finsternis auf die Märkte. Betrachten wir dazu als Beispiel die Sonnenfinsternis vom 9. März 1997.

In diesem Fall stehen Merkur und Venus in Konjunktion mit Sonne und Mond. Die Wirkung einer Finsternis entfaltet sich an der Börse nicht unbedingt sofort am Tag ihres Auftretens, sondern oft erst dann, wenn sie durch den Transit eines Planeten über den Finsternisgrad – in unserem Beispiel

18° Fische – aktiviert wird. Dann kommt es zu Turbulenzen an den Aktienmärkten.

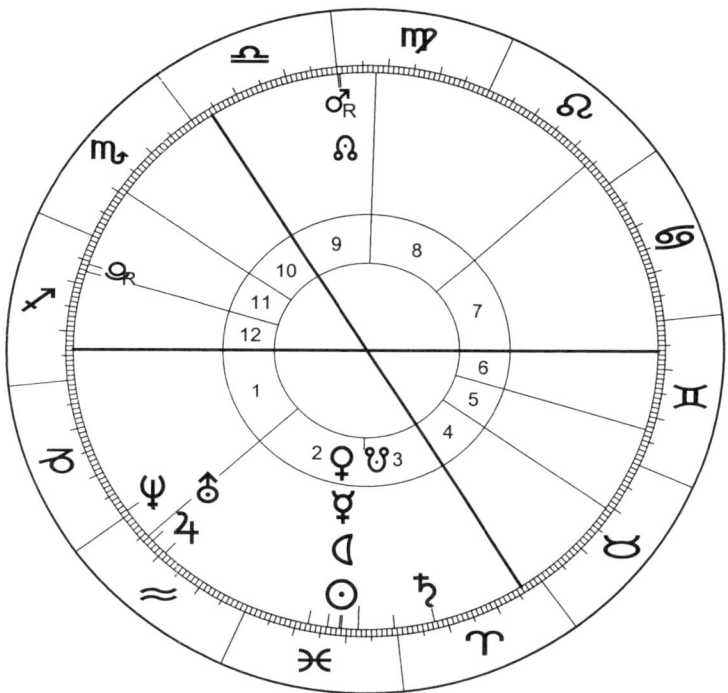

Sonnenfinsternis, 9.3.1997, Frankfurt am Main

Im vorliegenden Finsternishoroskop sehen wir den rückläufigen Mars Ende Jungfrau. Ein Blick in die Ephemeride zeigt, dass Mars so weit zurücklaufen wird, dass er noch zweimal über den Finsternisgrad läuft: einmal während seiner Rückläufigkeit und einmal, nachdem er wieder direktläufig geworden ist. Welche Auswirkungen diese Transite des Mars über den Finsternisgrad auf den Gesamtmarkt hatten, zeigt die folgende Grafik.

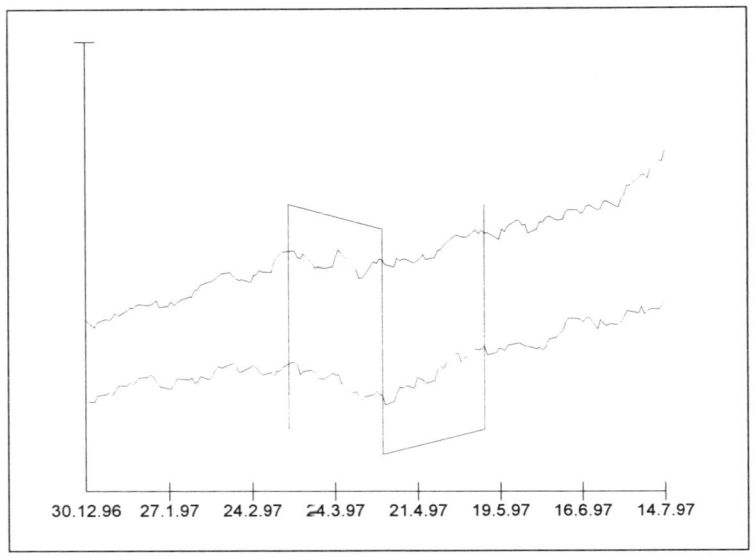

30.12.96　27.1.97　24.2.97　24.3.97　21.4.97　19.5.97　16.6.97　14.7.97

Dow und Dax

Die Aktienmärkte fielen vom 9. März 1997, dem Tag der Finsternis bis zum 10. April 1997, dem Tag, an dem der rückläufige Mars den Finsternisgrad passierte, um dann bis zum 15. Mai 1997, dem Zeitpunkt, an dem der wieder direktläufige Mars nochmals über den Finsternisgrad lief, wieder zu steigen. Der Verlauf der Indizes Dow Jones und DAX illustriert diese Bewegung Der allgemeine Trend eines Index setzt sich aus mehreren Aktien zusammen, die zum Teil unterschiedlich auf einzelne Konstellationen reagieren. Deshalb ist der Verlauf der Indizes nicht ganz parallel. Im vorliegenden Beispiel sieht man die Reaktion auf die Finsternis in der unteren Kurve viel deutlicher als in der oberen.

Von der mundanen Auswirkung der Finsternis auf die Aktienmärkte im Allgemeinen kommen wir nun zur individuellen Wirkung auf einzelne Aktien. Trifft der Finsternisgrad auf wichtige Faktoren eines Aktienhoroskopes, kann sich unabhängig vom allgemeinen Markttrend eine heftige Bewegung des Aktienkurses entwickeln.

Bei der Sonnenfinsternis vom 9.3.1997 fällt der Finsternisgrad auf 18°31' Fische. Alle Aktienhoroskope, die in einem engen Orbis von 3° den Tierkreisgrad 18°31' Fische oder den Oppositionsgrad 18°31' Jungfrau besetzt haben oder bei einem etwas engeren Orbis die beiden Quadratpunkte 18°31' Schütze oder Zwillinge mit wichtigen Planeten aspektieren, reagieren auf diese Sonnenfinsternis mit starken Kursbewegungen. Relevante Punkte sind in der Reihenfolge abnehmender Wichtigkeit vor allem Herrscher vom 1. Haus, Sonne, Mond, Aszendent, Mars, Konjunktionen von zwei oder mehr Planeten, Merkur, Venus, Jupiter, Saturn, Mondknoten, Uranus, Neptun, Pluto.

Beispiel Hoechst-Aktie

Ein sehr eindrucksvolles Beispiel für die Wirkung der Sonnenfinsternis vom 9. März 1997 ist der Kurs der Hoechst-Aktie. Der Kurs am Tag dieser Sonnenfinsternis markierte dabei einen Kurshöchststand von 80,- DM. Zwei Tage nach der Finsternis fiel der Kurs innerhalb kürzester Zeit unter Ausbildung einer Kurslücke (Gap) auf 68,- DM.

Das Horoskop der Hoechst-Aktie zeigt ein Stellium von Mond, Venus und Mars auf 13° bzw. 14° Jungfrau. Eigentlich wäre dies knapp außerhalb des wirksamen Orbis von 4°. Die Reaktion der Aktie zeigt jedoch, dass bei einem Stellium mehrerer Planeten offensichtlich ein etwas größerer Orbis zulässig ist. Von den deutschen Standardwerten, die im DAX vertreten sind, ist Hoechst die einzige Aktie mit einer derartigen Planetenballung auf 13°-14° der beweglichen Zeichen.

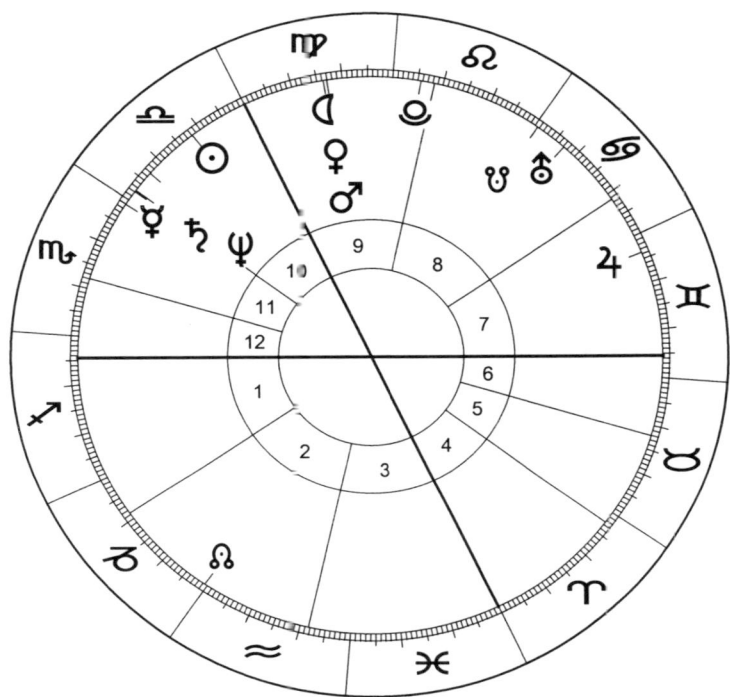

Hoechst-Aktie, 5.10.1953, 11:30, Frankfurt am Main

Beispiel VW-Aktie

Einen grandiosen Kursanstieg verursachte die Sonnenfinsternis bei der VW-Aktie. Der Finsternisgrad der totalen Sonnenfinsternis vom 9. März 1997 trifft exakt auf den Radix-Jupiter, den Herrn des 1. Hauses. Der über den Finsternisgrad transitierende Mars in den ersten beiden Aprilwochen 1997 brachte einen unglaublichen Kursanstieg von 680,- DM auf 840,- DM.

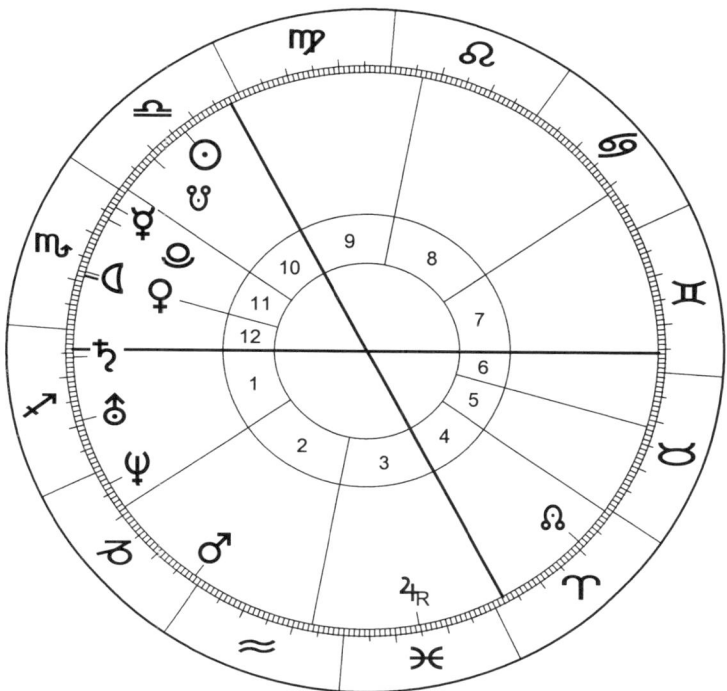

VW-Vorzugsaktie, 6.10.1986, 11:30, Hannover

Beispiel Mannesmann-Aktie

In Verbindung mit der totalen Sonnenfinsternis vom 26. Februar 1998 ist die Entwicklung der Mannesmann-Aktie ein faszinierendes Beispiel für die Wirkungsweise von Finsternissen. Das Horoskop der Aktie hat durch die Radix-Sonne auf 8° Fische den exaktesten Bezug zur totalen Sonnenfinsternis am 26. Februar 1998 mit dem Finsternisgrad auf knapp 8° Fische. Somit ist eine auffällige Bewegung des Aktienkurses während der Wirkungszeit der Finsternis zu erwarten.

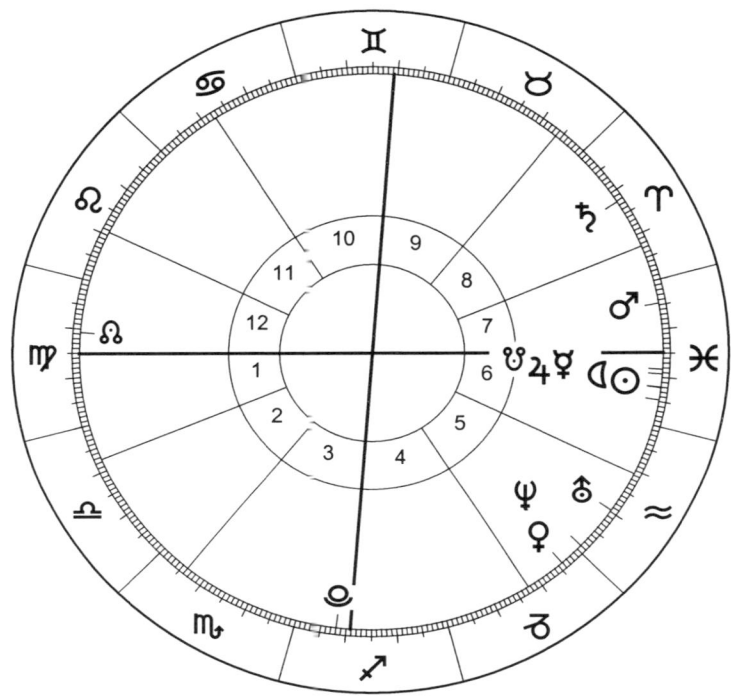

Sonnenfinsternis 26.2.1998, Frankfurt am Main

Die Finsternis hat durch die Konjunktion des Finsternisgrades mit Jupiter und Merkur einen starken Einfluss. Es stellt sich nur noch die Frage, wann genau sich diese Wirkungen auslösen werden. Betrachten wir dazu das Horoskop der Aktie mit den Transiten am 2. April 1998, einem Tag, an dem Mars und Saturn eine Konjunktion auf 22° Widder bilden. Die Konjunktion zwischen dem laufenden Mars und dem laufenden Saturn auf 22° Widder fällt exakt auf die Radix-Venus des Horoskops der Mannesmann-Aktie. Doch welchen Bezug gibt es zum Finsternisgrad auf 8° Fische?

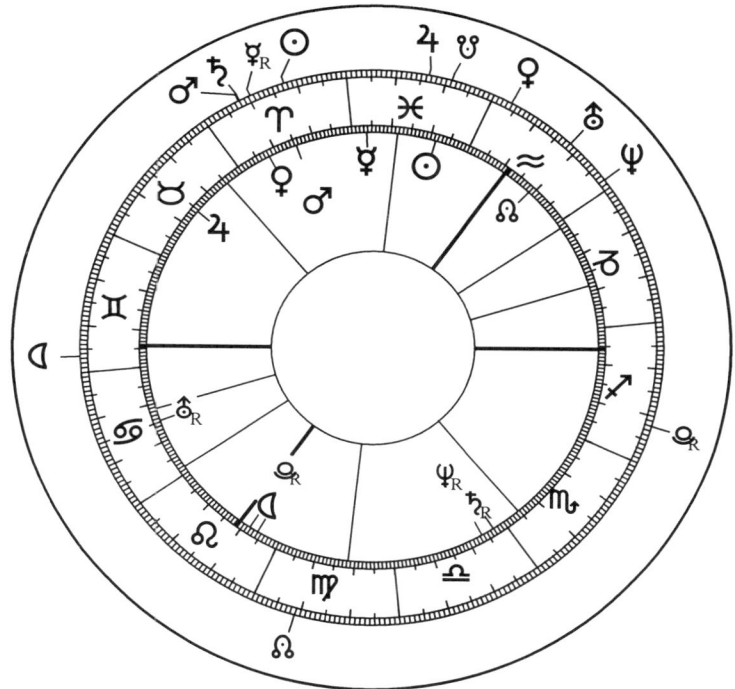

Innen: Mannesmann-Aktie, außen: Transite am 2.4.1998

Spiegelt man den Finsternisgrad an der Kardinal-Achse 0°
Widder/0°Waage, erhält man einen Spiegelpunkt bei 22°
Widder. Doch neben dieser Konstellation wirken noch einige
andere, z.B. der laufende Pluto und die transitierende Mondknotenachse zur Radix-Sonne sowie die laufende Sonne zum
Mars. Man kann also durchaus damit rechnen, dass der Höhepunkt der Finsterniswirkung um den 2. April 1998 auftreten wird. Die Mannesmann-Aktie stieg im Zeitraum vom 30.
März 1998 bis zum 3. April 1998 tatsächlich von 1330 auf
1602 um mehr als 20% innerhalb von vier Tagen.

115

Am Ende dieses Kapitels über die Anwendung von Finsternissen in der Mundanastrologie soll die kommende totale Sonnenfinsternis am 11. August 1999 kurz angesprochen werden. Diese Finsternis wird auch 'Jahrtausendfinsternis' oder 'Nostradamus-Finsternis' genannt. Es handelt sich um das einzige Datum, das in den Prophezeiungen des Nostradamus klar benannt wird. Und es ist die erste totale Sonnenfinsternis, die seit langer Zeit wieder in Mitteleuropa sichtbar sein wird. Auf der Grafik ist eine Karte abgebildet, aus der man ablesen kann, wo die Zentrallinie der Finsternis verlaufen wird.

Vieles ist schon geschrieben worden über die Interpretation der Quatrains des Nostradamus, die von dieser Finsternis handeln. Auch viele andere Astrologen, die sich mit Finsternissen befasst haben, heben diese als eine ganz besondere hervor. Im Allgemeinen wird eine recht düstere Prognose im Zusammenhang mit der Sonnenfinsternis vom 11. August 1999 abgegeben. Doch bevor wir uns von diesen Prophezeiungen erschrecken lassen, sollten wir zuerst selbst einen Blick auf die Konstellationen werfen.

Sofort fällt das große Quadrat zwischen dem Finsternisgrad (Sonne und Mond), Mars, Uranus und Saturn ins Auge. Uranus befindet sich etwas weiter vom Finsternisgrad entfernt, aber Mars und Saturn werfen ein exaktes Quadrat zur Sonne. Dies verleiht der Finsternis eine enorme Wirkungsstärke. Wir haben die Wirksamkeit dieser Finsternis auch schon einmal im Zusammenhang mit allen Sonnenfinsternissen der Jahre 1998 und 1999 kurz analysiert (siehe hierzu das Kapitel über die Wirksamkeit einer Finsternis).

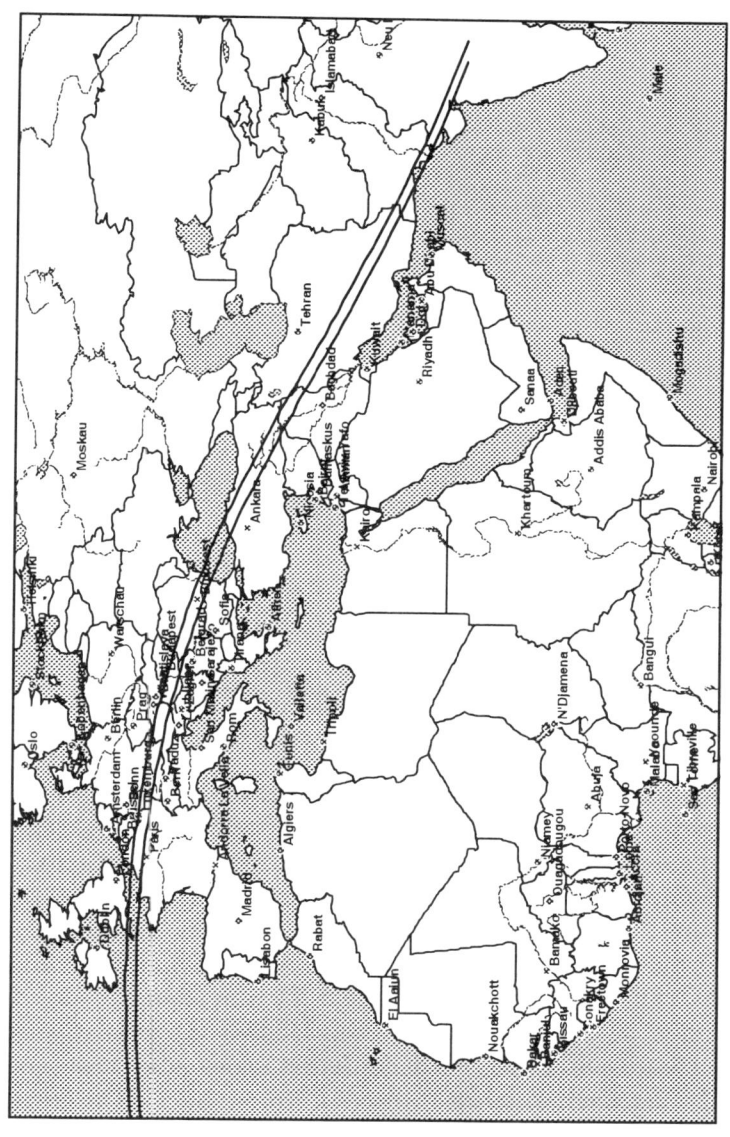

Sichtbarkeitszone der Finsternis vom 11.8.1999

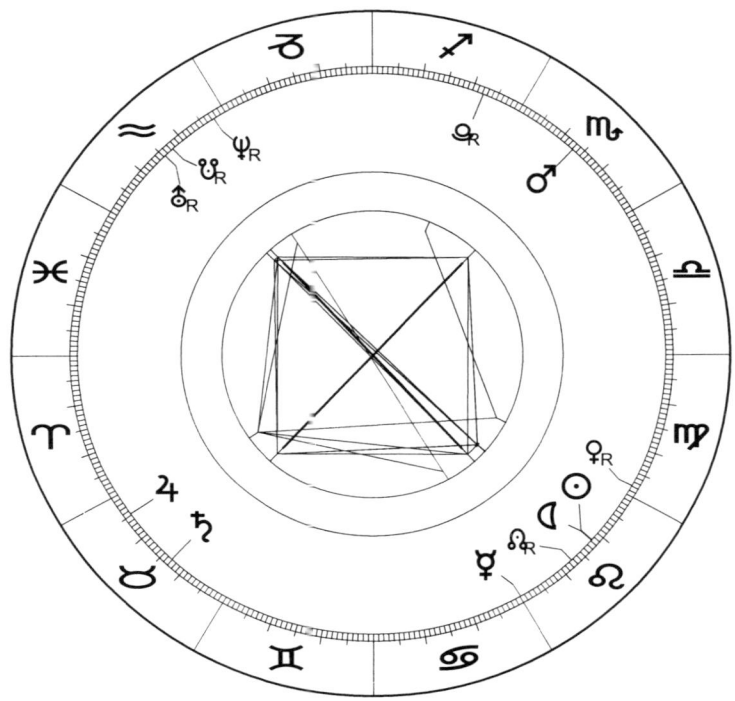

Sonnenfinsternis, 11.8.1999

Als nächstes sollten wir untersuchen, wo auf der Erde dieses große Quadrat an den Hauptachsen steht. Hierzu sehen wir uns die astrokartographische Projektion dieser Finsternis an. Auf der folgenden Karte sehen wir, dass der Kulminationspunkt des Finsternisgrades in nord-südlicher Richtung durch Osteuropa verläuft und die Mars/Saturn-Opposition auf der AC/DC-Linie über Moskau geht. Darum rechne ich mit Unruhen in Osteuropa und in Russland. In der russischen Geschichte fällt immer wieder auf, dass Planetenbesetzungen auf 18° der fixen Zeichen (Löwe, Skorpion, Stier, Wassermann) eine große Rolle bei wichtigen Ereignissen spielten. Auch aus diesem Grund wird die Sonnenfinsternis 1999 für Russland größere Wirkungen auslösen. Abgeleitet aus der aktuellen russischen Lage, könnte man sich einen weiteren wirtschaftlichen Zusammenbruch vorstellen, der dann endlich in eine konsequente Reformpolitik mündet. Welch steiniger Weg aber noch vor diesem Land liegt, können wir leicht aus den Erfahrungen ablesen, die wir im Zusammenhang mit den wirtschaftlichen Schwierigkeiten im Zuge der deutschen Wiedervereinigung gemacht haben. Zur besseren Illustration ist hier das Horoskop der Finsternis für Moskau abgebildet.

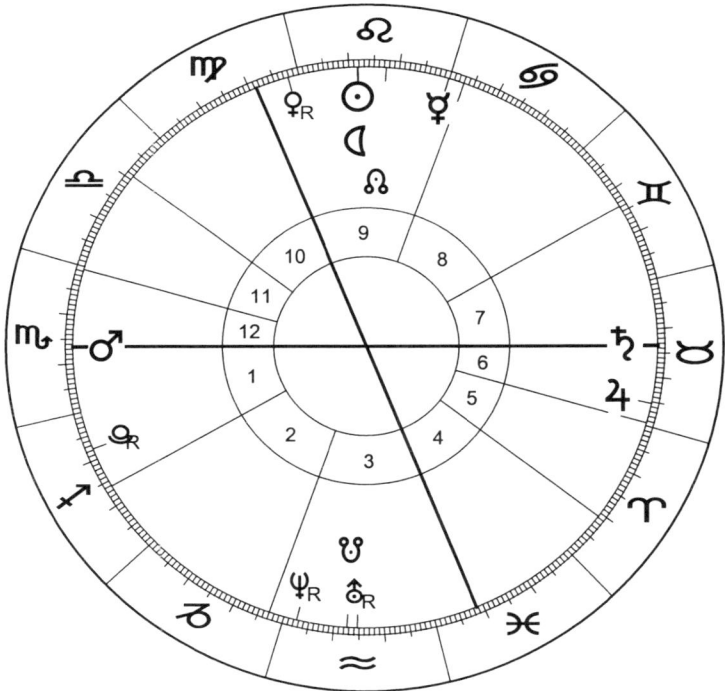

Sonnenfinsternis, 11.8.1999, Moskau

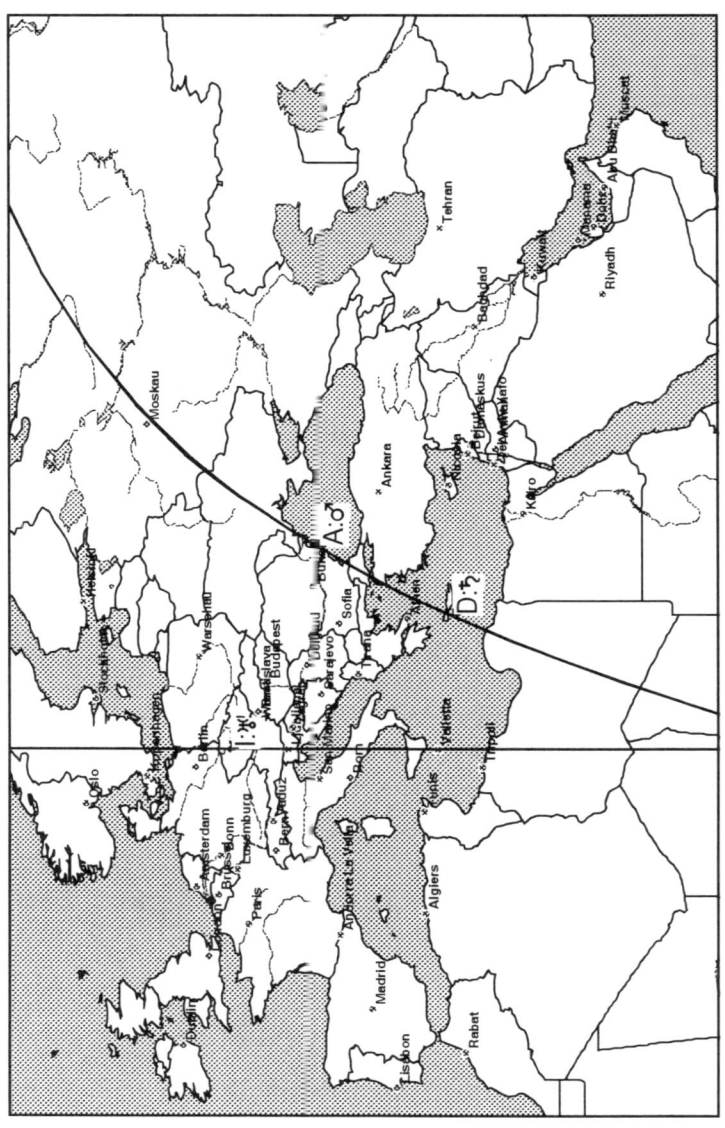

Mars/Saturn/Uranus-Fin_ternisgrad, Sonnenfinsternis 11.8.1999

Untersucht man mit Blick auf den Finsternisgrad 18° Löwe die Horoskope führender Politiker, findet man immer wieder wichtige Radixpunkte auf 17°–19° der fixen Zeichen. Primakow, der neue Ministerpräsident von Russland hat zum Beispiel seinen Mars im 17. Grad Skorpion, und der Jupiter des neuen deutschen Bundeskanzlers Gerhard Schröder steht auf 17° im Löwen. Einen Zusammenhang zwischen Deutschland und Russland gibt es vor allem auf wirtschaftlichem Gebiet, da Deutschland sehr hohe Kredite an Russland vergeben hat.

Eine Eklipse, deren Wirksamkeit durch die Beteiligung derart vieler Planeten so bedeutend ist, wirkt jedoch erfahrungsgemäß nicht nur nach ihrem Erscheinen, sondern löst auch schon in der Zeit davor Ereignisse aus. Dadurch ist es möglich, für eine Prognose nicht nur die abstrakten Planeten-Prinzipien der Finsterniskonstellationen zu deuten; vielmehr können aus den Vorkommnissen, die bereits vor der Finsternis zu bestimmten Zeitpunkten stattgefunden haben, Schlüsse für die Prognose gezogen werden. Diese Zeitpunkte lassen sich primär aus den Transiten über den künftigen Finsternisgrad ableiten. Sekundär können auch Finsternisse herangezogen werden, die schon einmal auf diesem Grad stattgefunden haben und durch den Meton-Zyklus miteinander verbunden sind.

Wir benötigen für unser Beispiel der Sonnenfinsternis im Sommer 1999 eine Liste mit den wichtigsten Transiten über 18° Löwe. Beginnend mit dem Jahr 1990 habe ich nachfolgend alle wichtigen Konstellationen zusammengestellt:

24.06.1991 - 28.06.1991	Mars/Venus-Konjunktion
15.07.1991 - 25.07.1991	Jupiter
06.02.1992 - 10.02.1992	Sonne/Merkur-Konjunktion (18° ♒)
20.04.1992 - 06.07.1992	Saturn (18° ♒)
10.01.1993 - 27.01.1993	Saturn (18° ♒)

10.08.1994 - 12.08.1994	Sonne/Merkur-Konjunktion
10.08.1994 - 14.08.1995	Sonne/Venus-Konjunktion
15.04.1997 - 29.04.1997	Jupiter (18° ♒)
21.07.1997 - 06.08.1997	Jupiter (18° ♒)
05.12.1997 - 17.12.1997	Jupiter (18° ♒)

Letzte Transite der Schnelläufer Sonne, Merkur, Venus und Mars über 18° Löwe:

13.07.1998 - 15.07.1998	Merkur
10.08.1998 - 12.08.1998	Sonne
16.08.1998 - 19.08.1998	Merkur rückläufig
27.08.1998 - 31.08.1998	Venus/Merkur-Konjunktion
17.09.1998 - 20.09.1998	Mars
24.06.1999 - 27.06.1999	Venus

Nun entnimmt man der Tagespresse an den entsprechenden Tagen, welche Themen und Ereignisse jeweils besonders im Vordergrund standen. Beispielsweise hatten wir im August 1998, als Sonne, Merkur und Venus kurz hintereinander den Finsternispunkt transitierten, die russische Währungskrise des Rubels mit Auswirkungen auf die internationalen Börsen und geradezu katastrophalen Folgen für die russische Bevölkerung, die durch die Abwertung einen großen Teil ihrer Ersparnisse verlor. Im Zuge dieser Vorkommnisse musste auch der russische Ministerpräsident Kirijenko seinen Stuhl räumen. Auch dadurch ist für 1999 erneut ein Hinweis auf eine Krise in Russland gegeben. Je mehr unterschiedliche astrologische Techniken auf einen Wirkungsbereich hindeuten, desto zuverlässiger kann man davon ausgehen, dass dort etwas geschehen wird. Im Fall von Russland ist dies ein für russische Angelegenheiten sensitiver Punkt im Tierkreis, ein Planet im Horoskop des russischen Ministerpräsidenten Primakow, wichtige astrokartographische Planetenlinien durch Russland und entsprechende Ereignisse zu den Transitzeitpunkten.

Analog zu dieser Untersuchung am Beispiel Russlands kann man die Auswirkungen der Finsternis auch für andere Länder betrachten. Sicher wird aufgrund des T-Quadrates zwischen Mars, Sonne und Saturn mit Spannungen und Krisen zu rechnen sein. Solche Konflikte sind aber auch Herausforderungen, an denen die Menschen wachsen können. Erinnern wir uns noch einmal an die Zeit der 80er Jahre und die Erwartungen der Astrologen zu den bevorstehenden Saturn/Uranus/Neptun-Konstellationen im Steinbock. Damals hat sich mancher Astrologe angesichts der verhärteten Fronten zwischen den Weltmächten und der Rüstungsspirale die Wirkungen sehr schlimm ausgemalt, ja sogar mit einem dritten Weltkrieg gerechnet. Die Konstellationen entpuppten sich jedoch als Katalysatoren für das Ende des Kalten Krieges und die Öffnung des Ostens. Vergleicht man die internationale Situation vor zwölf Jahren mit der heutigen Lage, so kann man guter Hoffnung sein, dass die Menschheit auch mit den Herausforderungen dieser nicht ganz einfachen Sonnenfinsternis im Sommer 1999 fertig werden wird.

Anhang

Liste der Finsternisse 1950-2050

In der nun folgenden Tabelle sind alle Mond- und Sonnenfinsternisse zwischen 1950 und 2050 aufgelistet. Die Sonnenfinsternisse wurden für die bessere Übersicht hervorgehoben. In den Spalten werden der Finsternistyp, das Datum, die Uhrzeit in GMT und die Tierkreisposition des Finsternisgrades angegeben. In der letzten Spalte wird die Zugehörigkeit zu einem der 19 Saros-Zyklen und die erste Finsternis des betroffenen Saros-Zyklus angegeben.

Abkürzungen		
Ekl.Typ	=	Finsternistyp
TSF	=	totale Sonnenfinsternis
RSF	=	ringförmige Sonnenfinsternis
PSF	=	partielle Sonnenfinsternis
TMF	=	totale Mondfinsternis
PMF	=	partielle Mondfinsternis
HMF	=	Halbschatten-Mondfinsternis

124

Ekl.-Typ	Datum	Zeit GMT	Finster-nisgrad	Saros-Serie u. 1. Eklipse
RSF	18. 03 1950	15:30	27°28 ♓	S6 15.5.850
TMF	02. 04 1950	20:44	12°32 ♈	S6 5.8.1571
TSF	12. 09 1950	03:37	18°49 ♍	S6 6.3.1049
TMF	26. 09 1950	04:17	2°31 ♎	S6 11.7.1824
RSF	07. 03 1951	20:52	16°29 ♓	S7 14.4.1428
HMF	23. 03 1951	10:37	2°00 ♈	-
HMF	17. 08 1951	03:13	23°25 ♌	-
RSF	01. 09 1951	12:51	8°17 ♍	S7 22.6.1247
HMF	15. 09 1951	12:27	21°51 ♍	-
PMF	11. 02 1952	00:38	21°14 ♒	S8
TSF	25. 02 1952	09:11	5°43 ♓	S8 17.5.1499
PMF	05. 08 1952	19:46	13°18 ♌	S8 8.6.1267
RSF	20. 08 1952	15:13	27°31 ♌	S8 1.4.1718
TMF	29. 01 1953	23:46	9°48 ♒	S9 2.5.1520
PSF	14. 02 1953	00:59	25°03 ♒	S9 21.8.1664
PSF	11. 07 1953	02:42	18°30 ♋	S9 23.6.727
TMF	26. 07 1953	12:20	3°12 ♌	S9 2.9.1430
PSF	09. 08 1953	15:55	16°45 ♌	S9 30.7.1935
RSF	05. 01 1954	02:30	14°13 ♑	S10 25.4.944
TMF	19. 01 1954	02:32	28°29 ♑	S10 7.8.1683
TSF	30. 06 1954	12:31	8°10 ♋	S10 10.3.1179
PMF	16. 07 1954	00:21	22°57 ♋	S10 4.7.1936
RSF	25. 12 1954	07:35	2°59 ♑	S11 1.8.1125
HMF	08. 01 1955	12:33	17°28 ♑	-
HMF	05. 06 1955	14:21	14°09 ♊	-
TSF	20. 06 1955	04:10	28°05 ♊	S11 14.6.1360
PMF	29. 11 1955	16:58	6°42 ♐	S12 6.7.1126
RSF	14. 12 1955	07:02	21°31 ♐	S12 19.5.1613
PMF	24. 05 1956	15:30	3°25 ♊	S12 31.5.1379
TSF	08. 06 1956	21:20	18°01 ♊	S12 19.9.1541

TMF	18. 11 1956	06:47	25°55 ♏	S13	17.1.1470
PSF	02. 12 1956	08:01	10°08 ♐	S13	14.8.1776
RSF	30. 04 1957	00:03	9°23 ♉	S13	24.5.803
TMF	13. 05 1957	22:31	22°52 ♉	S13	4.9.1560
TSF	23. 10 1957	04:52	29°31 ♎	S14	29.4.1074
TMF	07. 11 1957	14:27	14°55 ♏	S14	20.7.1777
RSF	19. 04 1958	03:26	28°35 ♈	S14	29.8.984
HMF	03. 05 1958	12:13	12°33 ♉	S14	3.5.1958
TSF	12. 10 1958	20:54	19°01 ♎	S15	13.7.1219
HMF	27. 10 1958	15:28	3°43 ♏	-	
PMF	24. 03 1959	20:10	3°26 ♈	S15	3.8.985
RSF	08. 04 1959	03:24	17°33 ♈	S15	6.6.1472
HMF	17. 09 1959	01:02	23°24 ♍	-	
TSF	02. 10 1959	12:26	8°34 ♎	S16	25.2.1599
TMF	13. 03 1960	08:27	22°47 ♓	S16	10.4.1419
PSF	27. 03 1960	07 25	6°38 ♈	S16	21.9.1653
TMF	05. 09 1960	11:21	12°53 ♍	S17	4.11.1473
PSF	20. 09 1960	23:00	27°58 ♍	S17	28.7.1870
TSF	15. 02 1961	08:18	26°26 ♒	S17	27.5.933
PMF	02. 03 1961	13:28	11°44 ♓	S17	16.8.1636
RSF	11. 08 1961	10:45	18°31 ♌	S18	4.2.1060
PMF	26. 08 1961	03:08	2°39 ♍	S18	10.6.1835
TSF	05. 02 1962	00:11	15°43 ♒	S18	20.8.1096
HMF	19. 02 1962	13:04	0°25 ♓	-	
HMF	17. 07 1962	11:53	24°25 ♋	-	
RSF	31. 07 1962	12:24	7°49 ♌	S19	5.7.1331
HMF	15. 08 1962	19:57	22°30 ♌	-	
HMF	09. 01 1963	23:18	18°59 ♑	-	
RSF	25. 01 1963	13:37	4°52 ♒	S19	16.4.1512
PMF	06. 07 1963	22:01	14°06 ♋	S1	18.5.1296
TSF	20. 07 1963	20:36	27°24 ♋	S1	4.1.1639
TMF	30. 12 1963	11:06	8°02 ♑	S1	21.3.1513

PSF	14. 01 1964	20:30	23°43 ♑	S1	24.8.1729
PSF	10. 06 1964	04:32	19°19 ♊	S2	24.6.792
TMF	25. 06 1964	01:06	3°30 ♋	S2	15.9.1513
PSF	09. 07 1964	11:18	17°15 ♋	S2	17.06.1928
PSF	04. 12 1964	01:30	11°56 ♐	S2	17.4.991
TMF	19. 12 1964	02:37	27°14 ♐	S2	7.7.1694
TSF	30. 05 1965	21:16	9°13 ♊	S3	10.10.991
PMF	14. 06 1965	01:49	22°48 ♊	S3	3.11.1947
RSF	23. 11 1965	04:13	0°40 ♐	S3	13.8.1208
HMF	08. 12 1965	17:10	16°25 ♐	-	
HMF	04. 05 1966	21:10	13°56 ♉	-	
RSF	20. 05 1966	09:38	28°55 ♉	S4	25.5.1389
HMF	29. 10 1966	10:11	5°32 ♏	-	
TSF	12. 11 1966	14:23	19°45 ♏	S4	17.4.1624
TMF	24. 04 1967	12:06	3°37 ♉	S5	29.4.1390
PSF	09. 05 1967	14:43	18°17 ♉	S5	12.10.1624
TMF	18. 10 1967	10:14	24°21 ♎	S5	24.3.1625
TSF	02. 11 1967	05:39	9°07 ♏	S5	14.7.1787
PSF	28. 03 1968	22:58	8°19 ♈	S6	15.5.850
TMF	13. 04 1968	04:47	23°19 ♈	S6	5.8.1571
TSF	22. 09 1968	11:17	29°30 ♍	S6	6.3.1049
TMF	06. 10 1968	11:42	13°17 ♎	S6	11.7.1824
RSF	18. 03 1969	04:48	27°25 ♓	S7	14.4.1428
HMF	02. 04 1969	18:33	12°50 ♈	-	
RSF	11. 09 1969	19:58	18°53 ♍	S7	22.6.1247
HMF	25. 09 1969	20:31	2°35 ♎	-	
PMF	21. 02 1970	08:28	2°18 ♓	S8	
TSF	07. 03 1970	17:38	16°44 ♓	S8	17.5.1499
PMF	17. 08 1970	03:22	23°49 ♌	S8	8.6.1267
RSF	31. 08 1970	21:55	8°04 ♍	S8	1.4.1718
TMF	10. 02 1971	07:44	20°55 ≈	S9	2.5.1520
PSF	25. 02 1971	09:38	6°08 ♓	S9	21.8.1664

PSF	22. 07 1971	09:30	28°56 ♋	S9 23.6.727
TMF	06. 08 1971	19:43	13°41 ♌	S9 2.9.1430
PSF	20. 08 1971	22:40	27°15 ♌	S9 30.7.1935
RSF	16. 01 1972	11:01	25°25 ♑	S10 25.4.944
TMF	30. 01 1972	10:53	9°39 ≈	S10 7.8.1683
TSF	10. 07 1972	19:45	18°37 ♋	S10 10.3.1179
PMF	26. 07 1972	07:16	3°23 ♌	S10 4.7.1936
RSF	04. 01 1973	15:45	14°10 ♑	S11 1.8.1125
HMF	18. 01 1973	21:17	28°40 ♑	-
HMF	15. 06 1973	20:48	24°35 ♊	-
TSF	30. 06 1973	11:38	8°32 ♋	S11 14.6.1360
HMF	15. 07 1973	11:39	22°50 ♋	-
PMF	10. 12 1973	01:43	17°52 ♐	S12 6.7.1126
RSF	24. 12 1973	15:02	2°40 ♑	S12 19.5.1613
PMF	04. 06 1974	22 15	13°54 ♊	S12 31.5.1379
TSF	20. 06 1974	04:47	28°30 ♊	S12 19.9.1541
TMF	29. 11 1974	15:12	7°01 ♐	S13 17.1.1470
PSF	13. 12 1974	16:13	21°16 ♐	S13 14.8.1776
PSF	11. 05 1975	07:15	20°00 ♉	S13 24.5.803
TMF	25. 05 1975	05:48	3°25 ♊	S13 4.9.1560
PSF	03. 11 1975	13:14	10°30 ♏	S14 29.4.1074
TMF	18. 11 1975	22:23	25°57 ♏	S14 20.7.1777
RSF	29. 04 1976	10:23	9°14 ♉	S14 29.8.984
PMF	13. 05 1976	19:55	23°10 ♉	S14 3.5.1958
TSF	23. 10 1976	05:12	29°56 ♎	S15 13.7.1219
HMF	06. 11 1976	23:02	14°40 ♏	-
PMF	04. 04 1977	04:17	14°17 ♈	S15 3.8.985
RSF	18. 04 1977	10:31	28°16 ♈	S15 6.6.1472
HMF	27. 09 1977	08:28	4°07 ♎	-
TSF	12. 10 1977	20:26	19°24 ♎	S16 25.2.1599
TMF	24. 03 1978	16:22	3°40 ♈	S16 10.4.1419
PSF	07. 04 1978	15:04	17°26 ♈	S16 21.9.1653

TMF	16. 09 1978	19:03	23°33 ♍	S17 4.11.1473
PSF	02. 10 1978	06:28	8°43 ♎	S17 28.7.1870
TSF	26. 02 1979	16:53	7°30 ♓	S17 27.5.933
PMF	13. 03 1979	21:08	22°42 ♓	S17 16.8.1636
RSF	22. 08 1979	17:20	29°01 ♌	S18 4.2.1060
TMF	06. 09 1979	10:54	13°16 ♍	S18 10.6.1835
TSF	16. 02 1980	08:52	26°50 ♒	S18 20.8.1096
HMF	01. 03 1980	20:46	11°26 ♓	-
HMF	27. 07 1980	19:07	4°52 ♌	-
RSF	10. 08 1980	19:11	18°17 ♌	S19 5.7.1331
HMF	26. 08 1980	03:31	3°03 ♍	-
HMF	20. 01 1981	07:49	0°11 ♒	-
RSF	04. 02 1981	22:09	16°01 ♒	S19 16.4.1512
PMF	17. 07 1981	04:46	24°31 ♋	S1 18.5.1296
TSF	31. 07 1981	03:46	7°51 ♌	S1 4.1.1639
TMF	09. 01 1982	19:55	19°14 ♑	S1 21.3.1513
PSF	25. 01 1982	04:43	4°53 ♒	S1 24.8.1729
PSF	21. 06 1982	12:02	29°47 ♊	S2 24.6.792
TMF	06. 07 1982	07:30	13°55 ♋	S2 15.9.1513
PSF	20. 07 1982	18:44	27°43 ♋	S2 17.06.1928
PSF	15. 12 1982	09:30	23°05 ♐	S2 17.4.991
TMF	30. 12 1982	11:29	8°26 ♑	S2 7.7.1694
TSF	11. 06 1983	04:42	19°43 ♊	S3 10.10.991
PMF	25. 06 1983	08:23	3°14 ♋	S3 3.11.1947
RSF	04. 12 1983	12:29	11°47 ♐	S3 13.8.1208
HMF	20. 12 1983	01:49	27°36 ♐	-
HMF	15. 05 1984	04:39	24°32 ♉	-
RSF	30. 05 1984	16:45	9°26 ♊	S4 25.5.1389
HMF	13. 06 1984	14:26	22°44 ♊	-
HMF	08. 11 1984	17:54	16°31 ♏	-
TSF	22. 11 1984	22:53	0°50 ♐	S4 17.4.1624
TMF	04. 05 1985	19:56	14°17 ♉	S5 29.4.1390

PSF	19. 05 1985	21:29	28°50 ♉	S5	12.10.1624
TMF	28. 10 1985	17:41	5°15 ♏	S5	24.3.1625
TSF	12. 11 1985	14:11	20°08 ♏	S5	14.7.1787
PSF	09. 04 1986	06:39	19°07 ♈	S6	15.5.850
TMF	24. 04 1986	12:42	4°03 ♉	S6	5.8.1571
RSF	03. 10 1986	19:04	10°16 ♎	S6	6.3.1049
TMF	17. 10 1986	19:18	24°07 ♎	S6	11.7.1824
RSF	29. 03 1987	12:48	8°18 ♈	S7	14.4.1428
HMF	14. 04 1987	02:19	23°37 ♈	-	
RSF	23. 09 1987	03:11	29°34 ♍	S7	22.6.1247
HMF	07. 10 1987	04:02	13°21 ♎	S7	neu
HMF	03. 03 1988	16 11	13°18 ♓	-	
TSF	18. 03 1988	01 58	27°42 ♓	S8	17.5.1499
PMF	27. 08 1988	11:03	4°23 ♍	S8	8.6.1267
RSF	11. 09 1988	04:44	18°40 ♍	S8	1.4.1718
TMF	20. 02 1989	15:34	1°59 ♓	S9	2.5.1520
PSF	07. 03 1989	18:08	17°09 ♓	S9	21.8.1664
TMF	17. 08 1989	02:08	24°12 ♌	S9	2.9.1430
PSF	31. 08 1989	05:32	7°48 ♍	S9	31.08.1989
RSF	26. 01 1990	19:29	6°35 ♒	S10	25.4.944
TMF	09. 02 1990	19:11	20°47 ♒	S10	7.8.1683
TSF	22. 07 1990	03:01	29°04 ♋	S10	10.3.1179
PMF	06. 08 1990	14:12	13°52 ♌	S10	4.7.1936
RSF	15. 01 1991	23:52	25°20 ♑	S11	1.8.1125
HMF	30. 01 1991	05:59	9°50 ♒	-	
HMF	27. 06 1991	05:13	5°00 ♋	-	
TSF	11. 07 1991	19:06	18°59 ♋	S11	14.6.1360
HMF	26. 07 1991	18:09	3°16 ♌	-	
PMF	21. 12 1991	10:32	29°03 ♐	S12	6.7.1126
RSF	04. 01 1992	23:05	13°51 ♑	S12	19.5.1613
PMF	15. 06 1992	04:56	24°21 ♊	S12	31.5.1379
TSF	30. 06 1992	12:10	8°56 ♋	S12	19.9.1541

TMF	09. 12 1992	23:43	18°10 ♐	S13 17.1.1470
PSF	24. 12 1992	00:31	2°27 ♑	S13 14.8.1776
PSF	21. 05 1993	14:18	0°32 ♊	S13 24.5.803
TMF	04. 06 1993	13:00	13°55 ♊	S13 4.9.1560
PSF	13. 11 1993	21:44	21°32 ♏	S14 29.4.1074
TMF	29. 11 1993	06:26	7°03 ♐	S14 20.7.1777
RSF	10. 05 1994	17:10	19°49 ♉	S14 29.8.984
PMF	25. 05 1994	03:31	3°43 ♊	S14 3.5.1958
TSF	03. 11 1994	13:38	10°54 ♏	S15 13.7.1219
HMF	18. 11 1994	06:45	25°42 ♏	-
PMF	15. 04 1995	12:17	25°04 ♈	S15 3.8.985
RSF	29. 04 1995	17:32	8°56 ♉	S15 6.6.1472
HMF	08. 10 1995	16:03	14°54 ♎	-
TSF	24. 10 1995	04:32	0°17 ♏	S16 25.2.1599
TMF	04. 04 1996	00:09	14°31 ♈	S16 10.4.1419
PSF	17. 04 1996	22:38	28°11 ♈	S16 21.9.1653
TMF	27. 09 1996	02:54	4°17 ♎	S17 4.11.1473
PSF	12. 10 1996	14:02	19°31 ♎	S17 28.7.1870
TSF	09. 03 1997	01:23	18°31 ♓	S17 27.5.933
PMF	24. 03 1997	04:40	3°35 ♈	S17 16.8.1636
PSF	02. 09 1997	00:02	9°34 ♍	S18 4.2.1060
TMF	16. 09 1997	18:47	23°56 ♍	S18 10.6.1835
TSF	26. 02 1998	17:28	7°55 ♓	S18 20.8.1096
HMF	13. 03 1998	04:21	22°23 ♓	-
HMF	08. 08 1998	02:24	15°22 ♌	-
RSF	22. 08 1998	02:05	28°48 ♌	S19 5.7.1331
HMF	06. 09 1998	11:10	13°40 ♍	-
HMF	31. 01 1999	16:16	11°20 ♒	-
RSF	16. 02 1999	06:34	27°08 ♒	S19 16.4.1512
PMF	28. 07 1999	11:32	4°58 ♌	S1 18.5.1296
TSF	11. 08 1999	11:03	18°21 ♌	S1 4.1.1639
TMF	21. 01 2000	04:43	0°26 ♒	S1 21.3.1513

PSF	05. 02 2000	12:50	16°01 ≈	S1	24.8.1729
PSF	01. 07 2000	19:31	10°15 ♋	S2	24.6.792
TMF	16. 07 2000	13:55	24°19 ♋	S2	15.9.1513
PSF	31. 07 2000	02:13	8°11 ♌	S2	17.06.1928
PSF	25. 12 2000	17:33	4°15 ♑	S2	17.4.991
TMF	09. 01 2001	20:20	19°39 ♑	S2	7.7.1694
TSF	21. 06 2001	12:03	0°11 ♋	S3	10.10.991
PMF	05. 07 2001	14:56	13°39 ♋	S3	3.11.1947
RSF	14. 12 2001	20:51	22°56 ♐	S3	13.8.1208
HMF	30. 12 2001	10:30	8°48 ♑	-	
HMF	26. 05 2002	12:02	5°04 ♊	-	
RSF	10. 06 2002	23:44	19°54 ♊	S4	25.5.1389
HMF	24. 06 2002	21:28	3°11 ♋	-	
HMF	20. 11 2002	01:45	27°33 ♏	-	
TSF	04. 12 2002	07:31	11°58 ♐	S4	17.4.1624
TMF	16. 05 2003	03:39	24°53 ♉	S5	29.4.1390
RSF	31. 05 2003	04:09	9°19 ♊	S5	12.10.1624
TMF	09. 11 2003	01:_7	16°13 ♏	S5	24.3.1625
TSF	23. 11 2003	22:50	1°14 ♐	S5	14.7.1787
PSF	19. 04 2004	13:32	29°50 ♈	S6	15.5.850
TMF	04. 05 2004	20:30	14°42 ♉	S6	5.8.1571
PSF	14. 10 2004	02:58	21°06 ♎	S6	6.3.1049
TMF	28. 10 2004	03:04	5°02 ♏	S6	11.7.1824
RSF	08. 04 2005	20:35	19°06 ♈	S7	14.4.1428
HMF	24. 04 2005	09:55	4°19 ♉	-	
RSF	03. 10 2005	10:31	10°19 ♎	S7	22.6.1247
PMF	17. 10 2005	12:04	24°13 ♎	S7	7.10.1987
HMF	14. 03 2006	23:46	24°15 ♓	-	
TSF	29. 03 2006	10:11	8°35 ♈	S8	17.5.1499
PMF	07. 09 2006	18:50	15°00 ♍	S8	8.6.1267
RSF	22. 09 2006	11:40	29°20 ♍	S8	1.4.1718
TMF	03. 03 2007	23:20	13°00 ♓	S9	2.5.1520

PSF	19. 03 2007	02:32	28°07 ♓	S9	21.8.1664
TMF	28. 08 2007	10:37	4°46 ♍	S9	2.9.1430
PSF	11. 09 2007	12:32	18°24 ♍	S9	31.08.1989
RSF	07. 02 2008	03:54	17°45 ♒	S10	25.4.944
TMF	21. 02 2008	03:26	1°52 ♓	S10	7.8.1683
TSF	01. 08 2008	10:20	9°32 ♌	S10	10.3.1179
PMF	16. 08 2008	21:10	24°21 ♌	S10	4.7.1936
RSF	26. 01 2009	07:58	6°30 ♒	S11	1.8.1125
HMF	09. 02 2009	14:38	20°59 ♒	-	
HMF	07. 07 2009	09:37	15°25 ♋	-	
TSF	22. 07 2009	02:35	29°27 ♋	S11	14.6.1360
HMF	06. 08 2009	00:40	13°43 ♌	-	
PMF	31. 12 2009	19:21	10°15 ♑	S12	6.7.1126
RSF	15. 01 2010	07:06	25°01 ♑	S12	19.5.1613
PMF	26. 06 2010	11:37	4°46 ♋	S12	31.5.1379
TSF	11. 07 2010	19:33	19°24 ♋	S12	19.9.1541
TMF	21. 12 2010	08:16	29°21 ♐	S13	17.1.1470
PSF	04. 01 2011	08:51	13°38 ♑	S13	14.8.1776
PSF	01. 06 2011	21:14	11°02 ♊	S13	24.5.803
TMF	15. 06 2011	20:12	24°23 ♊	S13	4.9.1560
PSF	01. 07 2011	08:38	9°12 ♋	S13	neu
PSF	25. 11 2011	06:19	2°37 ♐	S14	29.4.1074
TMF	10. 12 2011	14:32	18°11 ♐	S14	20.7.1777
RSF	20. 05 2012	23:52	0°21 ♊	S14	29.8.984
PMF	04. 06 2012	11:03	14°14 ♊	S14	3.5.1958
TSF	13. 11 2012	22:11	21°57 ♏	S15	13.7.1219
HMF	28. 11 2012	14:34	6°46 ♐	-	
HMF	25. 04 2013	20:06	5°46 ♉	-	
RSF	10. 05 2013	00:25	19°31 ♉	S15	6.6.1472
HMF	18. 10 2013	23:49	25°46 ♎	-	
TSF	03. 11 2013	12:46	11°16 ♏	S16	25.2.1599
TMF	15. 04 2014	07:45	25°16 ♈	S16	10.4.1419

RSF	29. 04 2014	06:04	8°51 ♉	S16	21.9.1653
TMF	08. 10 2014	10:54	15°05 ♎	S17	4.11.1473
PSF	23. 10 2014	21:45	0°24 ♏	S17	28.7.1870
TSF	20. 03 2015	09:27	29°27 ♓	S17	27.5.933
PMF	04. 04 2015	12:00	14°24 ♈	S17	16.8.1636
PSF	13. 09 2015	06:52	20°11 ♍	S18	4.2.1060
TMF	28. 09 2015	02:47	4°40 ♎	S18	10.6.1835
TSF	09. 03 2016	01:56	18°56 ♓	S18	20.8.1096
HMF	23. 03 2016	11:48	3°17 ♈	-	
RSF	01. 09 2016	09:06	9°21 ♍	S19	5.7.1331
HMF	16. 09 2016	13:54	24°20 ♍	-	
HMF	11. 02 2017	00:42	22°29 ≈	-	
RSF	26. 02 2017	14:53	8°12 ♓	S19	16.4.1512
PMF	07. 08 2017	18:19	15°26 ♌	S1	18.5.1296
TSF	21. 08 2017	18:25	28°53 ♌	S1	4.1.1639
TMF	31. 01 2018	13:29	11°37 ≈	S1	21.3.1513
PSF	15. 02 2018	20:52	27°07 ≈	S1	24.8.1729
PSF	13. 07 2018	03:00	20°42 ♋	S2	24.6.792
TMF	27. 07 2018	20:21	4°45 ♌	S2	15.9.1513
PSF	11. 08 2018	09:46	18°41 ♌	S2	17.06.1928
PSF	06. 01 2019	01:40	15°26 ♑	S2	17.4.991
TMF	21. 01 2019	05:12	0°51 ≈	S2	7.7.1694
TSF	02. 07 2019	19:22	10°38 ♋	S3	10.10.991
PMF	16. 07 2019	21:31	24°04 ♋	S3	3.11.1947
RSF	26. 12 2019	05:17	4°07 ♑	S3	13.8.1208
HMF	10. 01 2020	19:10	20°00 ♑	-	
HMF	05. 06 2020	19:24	15°35 ♊	-	
RSF	21. 06 2020	06:39	0°21 ♋	S4	25.5.1389
HMF	05. 07 2020	04:30	13°37 ♋	-	
HMF	30. 11 2020	09:41	8°39 ♐	-	
TSF	14. 12 2020	16:13	23°08 ♐	S4	17.4.1624
PMF	26. 05 2021	11:18	5°26 ♊	S5	29.4.1390

RSF	10. 06 2021	10:42	19°47 ♊	S5	12.10.1624
PMF	19. 11 2021	09:02	27°15 ♏	S5	24.3.1625
TSF	04. 12 2021	07:33	12°22 ♐	S5	14.7.1787
PSF	30. 04 2022	20:40	10°29 ♉	S6	15.5.850
TMF	16. 05 2022	04:11	25°18 ♉	S6	5.8.1571
PSF	25. 10 2022	10:58	2°01 ♏	S6	6.3.1049
TMF	08. 11 2022	10:59	16°01 ♏	S6	11.7.1824
RSF	20. 04 2023	04:16	29°50 ♈	S7	14.4.1428
HMF	05. 05 2023	17:23	14°58 ♉	-	
RSF	14. 10 2023	17:58	21°08 ♎	S7	22.6.1247
PMF	28. 10 2023	20:14	5°09 ♏	S7	7.10.1987
HMF	25. 03 2024	07:11	5°08 ♈	-	
TSF	08. 04 2024	18:17	19°24 ♈	S8	17.5.1499
PMF	18. 09 2024	02:24	25°40 ♍	S8	8.6.1267
RSF	02. 10 2024	18:45	10°04 ♎	S8	1.4.1718
TMF	14. 03 2025	06:58	23°57 ♓	S9	2.5.1520
PSF	29. 03 2025	10:47	9°00 ♈	S9	21.8.1664
TMF	07. 09 2025	18:11	15°23 ♍	S9	2.9.1430
PSF	21. 09 2025	19:42	29°05 ♍	S9	31.08.1989
RSF	17. 02 2026	12:10	28°50 ♒	S10	25.4.944
TMF	03. 03 2026	11:33	12°54 ♓	S10	7.8.1683
TSF	12. 08 2026	17:44	20°02 ♌	S10	10.3.1179
PMF	28. 08 2026	04:13	4°54 ♍	S10	4.7.1936
RSF	06. 02 2027	15:58	17°38 ♒	S11	1.8.1125
HMF	20. 02 2027	23:13	2°05 ♓	-	
TSF	02. 08 2027	10:06	9°55 ♌	S11	14.6.1360
HMF	17. 08 2027	07:14	24°11 ♌	-	
PMF	12. 01 2028	04:11	21°28 ♑	S12	6.7.1126
RSF	26. 01 2028	15:07	6°11 ♒	S12	19.5.1613
PMF	06. 07 2028	18:18	15°11 ♋	S12	31.5.1379
TSF	22. 07 2028	02:55	29°51 ♋	S12	19.9.1541
TMF	31. 12 2028	16:51	10°33 ♑	S13	17.1.1470

PSF	14. 01 2029	17:13	24°50 ♑	S13 14.8.1776
PSF	12. 06 2029	04:03	21°30 ♊	S13 24.5.803
TMF	26. 06 2029	03:21	4°50 ♋	S13 4.9.1560
PSF	11. 07 2029	15:36	19°37 ♋	S13 1.7.2011
PSF	05. 12 2029	15:01	13°46 ♐	S14 29.4.1074
TMF	20. 12 2029	22:42	29°20 ♐	S14 20.7.1777
RSF	01. 06 2030	06:27	10°50 ♊	S14 29.8.984
PMF	15. 06 2030	18:33	24°43 ♊	S14 3.5.1958
TSF	25. 11 2030	06:49	3°02 ♐	S15 13.7.1219
HMF	09. 12 2030	22:28	17°53 ♐	-
HMF	07. 05 2031	03:49	16°25 ♉	-
RSF	21. 05 2031	07:14	0°04 ♊	S15 6.6.1472
HMF	05. 06 2031	11:44	14°39 ♊	-
HMF	30. 10 2031	07:44	6°41 ♏	-
RSF	14. 11 2031	21:06	22°17 ♏	S16 25.2.1599
TMF	25. 04 2032	15:12	5°58 ♉	S16 10.4.1419
RSF	09. 05 2032	13:26	19°29 ♉	S16 21.9.1653
TMF	18. 10 2032	19:01	25°57 ♎	S17 4.11.1473
PSF	03. 11 2032	05:33	11°21 ♏	S17 28.7.1870
TSF	30. 03 2033	18:00	10°21 ♈	S17 27.5.933
TMF	14. 04 2033	19:12	25°09 ♈	S17 16.8.1636
PSF	23. 09 2033	13:51	0°51 ♎	S18 4.2.1060
TMF	08. 10 2033	10:55	15°29 ♎	S18 10.6.1835
TSF	20. 03 2034	10:11	29°52 ♓	S18 20.8.1096
HMF	03. 04 2034	19:06	14°06 ♈	-
RSF	12. 09 2034	16:17	19°59 ♍	S19 5.7.1331
HMF	28. 09 2034	02:46	5°04 ♎	-
HMF	22. 02 2035	09:03	3°34 ♓	-
RSF	09. 03 2035	23:04	19°12 ♓	S19 16.4.1512
PMF	19. 08 2035	01:09	25°56 ♌	S1 18.5.1296
TSF	02. 09 2035	01:55	9°28 ♍	S1 4.1.1639
TMF	11. 02 2036	22:11	22°46 ♒	S1 21.3.1513

PSF	27. 02 2036	04:46	8°10 ♓	S1	24.8.1729
PSF	23. 07 2036	10:29	1°10 ♌	S2	24.6.792
TMF	07. 08 2036	02:50	15°12 ♌	S2	15.9.1513
PSF	21. 08 2036	17:24	29°14 ♌	S2	17.06.1928
PSF	16. 01 2037	09:46	26°36 ♑	S2	17.4.991
TMF	31. 01 2037	14:00	12°02 ≈	S2	7.7.1694
TSF	13. 07 2037	02:38	21°04 ♋	S3	10.10.991
PMF	27. 07 2037	04:08	4°30 ♌	S3	3.11.1947
RSF	05. 01 2038	13:45	15°19 ♑	S3	13.8.1208
HMF	21. 01 2038	03:49	1°11 ≈	-	
HMF	17. 06 2038	02:42	26°03 ♊	-	
RSF	02. 07 2038	13:31	10°47 ♋	S4	25.5.1389
HMF	16. 07 2038	11:35	24°04 ♋	-	
HMF	11. 12 2038	17:42	19°46 ♐	-	
TSF	26. 12 2038	00:58	4°20 ♑	S4	17.4.1624
PMF	06. 06 2039	18:52	15°57 ♊	S5	29.4.1390
RSF	21. 06 2039	17:12	0°13 ♋	S5	12.10.1624
PMF	30. 11 2039	16:54	8°20 ♐	S5	24.3.1625
TSF	15. 12 2039	16:22	23°32 ♐	S5	14.7.1787
PSF	11. 05 2040	03:40	21°04 ♉	S6	15.5.850
TMF	26. 05 2040	11:44	5°50 ♊	S6	5.8.1571
PSF	04. 11 2040	19:06	12°59 ♏	S6	6.3.1049
TMF	18. 11 2040	19:03	27°03 ♏	S6	11.7.1824
TSF	30. 04 2041	11:50	10°31 ♉	S7	14.4.1428
PMF	16. 05 2041	00:42	25°33 ♉	S7	neu
RSF	25. 10 2041	01:34	2°01 ♏	S7	22.6.1247
PMF	08. 11 2041	04:33	16°09 ♏	S7	7.10.1987
HMF	05. 04 2042	14:27	15°56 ♈	-	
TSF	20. 04 2042	02:16	0°09 ♉	S8	17.5.1499
HMF	29. 09 2042	10:43	6°26 ♎	-	
RSF	14. 10 2042	01:59	20°52 ♎	S8	1.4.1718
TMF	25. 03 2043	14:29	4°50 ♈	S9	2.5.1520

TSF	09. 04 2043	18:56	19°49 ♈	S9	21.8.1664
TMF	19. 09 2043	01:43	26°02 ♍	S9	2.9.1430
RSF	16. 02 2045	23:53	28°43 ≈	S11	1.8.1125
HMF	03. 03 2045	07:42	13°08 ♓	-	
TSF	12. 08 2045	17:40	20°25 ♌	S11	14.6.1360
HMF	27. 08 2045	13:54	4°43 ♍	-	
PMF	22. 01 2046	13:00	2°40 ≈	S12	6.7.1126
RSF	05. 02 2046	23:04	17°18 ≈	S12	19.5.1613
PMF	18. 07 2046	01:03	25°37 ♋	S12	31.5.1379
TSF	02. 08 2046	10:19	10°19 ♌	S12	19.9.1541
TMF	12. 01 2047	01:23	21°44 ♑	S13	17.1.1470
PSF	26. 01 2047	01:32	6°00 ≈	S13	14.8.1776
PSF	23. 06 2047	10:49	1°56 ♋	S13	24.5.803
TMF	07. 07 2047	10:33	15°17 ♋	S13	4.9.1560
PSF	22. 07 2047	22:35	0°04 ♌	S13	1.7.2011
PSF	16. 12 2047	23:47	24°56 ♐	S14	29.4.1074
TMF	01. 01 2048	06:52	10°31 ♑	S14	20.7.1777
RSF	11. 06 2048	12:56	21°17 ♊	S14	29.8.984
PMF	26. 06 2048	02:01	5°10 ♋	S14	3.5.1958
TSF	05. 12 2048	15:33	14°11 ♐	S15	13.7.1219
HMF	20. 12 2048	06:27	29°03 ♐	-	
HMF	17. 05 2049	11:23	27°00 ♉	-	
RSF	31. 05 2049	13:58	10°34 ♊	S15	6.6.1472
HMF	15. 06 2049	19:12	25°08 ♊	-	
HMF	09. 11 2049	15:49	17°41 ♏	-	
RSF	25. 11 2049	05:32	3°23 ♐	S16	25.2.1599

Liste der Meton-Zyklen

Im Folgenden sind die momentan aktiven Meton-Zyklen in der Sortierung nach Tierkreisgrad aufgeführt. Die zeitlich nahegelegendsten Finsternisse jedes Meton-Zyklus wurde hervorgehoben.

So Ecl. part. = partielle Sonnenfinsternis
So Ecl. ann. = ringförmige Sonnenfinsternis
So Ecl. tot. = totale Sonnenfinsternis

Sonne: 9° Widder		
So Ecl.part.	28.03.1968	22:58
So Ecl.ann.	29.03.1987	12:48
So Ecl.tot.	*29.03.2006*	*10:11*
So Ecl.part.	29.03.2025	10:47

Sonne: 19° Widder		
So Ecl.part.	09.04.1986	6:19
So Ecl.ann.	*08.04.2005*	*20:35*
So Ecl.tot.	08.04.2024	18:17
So Ecl.tot.	09.04.2043	18:56

Sonne: 28° Widder		
So Ecl.ann.	19.04.1939	16:44
So Ecl.ann.	19.04.1958	3:26
So Ecl.ann.	18.04.1977	10:31
So Ecl.part.	*17.04.1996*	*22:38*

Sonne: 0° Stier		
So Ecl.part.	*19.04.2004*	*13:32*
So Ecl.ann.	20.04.2023	4:16
So Ecl.tot.	20.04.2042	2:16
So Ecl.tot.	20.04.2061	2:55

Sonne: 9° Stier		
So Ecl.ann.	30.04.1957	0:03
So Ecl.ann.	29.04.1976	10:23
So Ecl.ann.	**29.04.1995**	**17:32**
So Ecl.ann.	29.04.2014	6:04

Sonne: 20° Stier		
So Ecl.part.	11.05.1975	7:15
So Ecl.ann.	*10.05.1994*	*17:10*
So Ecl.ann.	10.05.2013	0:25
So Ecl.ann.	09.05.2032	13:26

Sonne: 0° Zwillinge		
So Ecl.part.	*21.05.1993*	*14:18*
So Ecl.ann.	20.05.2012	23:52
So Ecl.ann.	21.05.2031	7:14
So Ecl.ann.	20.05.2050	20:41
So Ecl.part.	20.05.2069	17:51

Sonne: 9° Zwillinge		
So Ecl.part.	30.05.1946	20:59
So Ecl.tot.	30.05.1965	21:16
So Ecl.ann.	30.05.1984	16:45
So Ecl.ann.	*31.05.2003*	*4:09*

Sonne: 20° Zwillinge		
So Ecl.part.	10.06.1964	4:32
So Ecl.tot.	11.06.1983	4:42
So Ecl.ann.	*10.06.2002*	*23:44*
So Ecl.ann.	10.06.2021	10:42

Sonne: 0° Krebs		
So Ecl.part.	21.06.1982	12:02
So Ecl.tot.	*21.06.2001*	*12:03*
So Ecl.ann.	21.06.2020	6:39
So Ecl.ann.	21.06.2039	17:12
So Ecl.part.	21.06.2058	0:18

Sonne: 9° Krebs		
So Ecl.part.	30.06.1935	19:58
So Ecl.tot.	30.06.1954	12:31
So Ecl.tot.	30.06.1973	11:38
So Ecl.tot.	*30.06.1992*	*12:10*
So Ecl.part.	01.07.2011	8:38

Sonne: 11° Krebs		
So Ecl.part.	*01.07.2000*	*19:31*
So Ecl.tot.	02.07.2019	19:22
So Ecl.ann.	02.07.2038	13:31
So Ecl.ann.	01.07.2057	23:39
So Ecl.part.	01.07.2076	6:49

Sonne: 19° Krebs		
So Ecl.part.	11.07.1953	2:42
So Ecl.tot.	10.07.1972	19:45
So Ecl.tot.	*11.07.1991*	*19:06*
So Ecl.tot.	**11.07.2010**	**19:33**
So Ecl.part.	11.07.2029	15:36

Sonne: 29° Krebs		
So Ecl.part.	22.07.1971	9:30
So Ecl.tot.	*22.07.1990*	*3:01*
So Ecl.tot.	*22.07.2009*	*2:35*
So Ecl.tot.	22.07.2028	2:55
So Ecl.part.	22.07.2047	22:35

Sonne: 8° Löwe		
So Ecl.part.	31.07.1924	19:56
So Ecl.ann.	01.08.1943	4:14
So Ecl.ann.	31.07.1962	12:24
So Ecl.tot.	31.07.1981	3:46
So Ecl.part.	*31.07.2000*	*2:13*

Sonne: 10° Löwe		
So Ecl.tot.	*01.08.2008*	*10:20*
So Ecl.tot.	02.08.2027	10:06
So Ecl.tot.	02.08.2046	10:19
So Ecl.part.	02.08.2065	5:32

Sonne: 19° Löwe		
So Ecl.part.	12.08.1942	2:43
So Ecl.ann.	11.08.1961	10:45
So Ecl.ann.	10.08.1980	19:11
So Ecl.tot.	*11.08.1999*	*11:03*
So Ecl.part.	11.08.2018	9:46

Sonne: 29° Löwe		
So Ecl.ann.	22.08.1979	17:20
So Ecl.ann.	*22.08.1998*	*2:05*
So Ecl.tot.	21.08.2017	18:25
So Ecl.part.	21.08.2036	17:24

Sonne: 10° Jungfrau		
So Ecl.part.	*02.09.1997*	*0:02*
So Ecl.ann.	01.09.2016	9:06
So Ecl.tot.	02.09.2035	1:55
So Ecl.part.	02.09.2054	1:08

Sonne: 19° Jungfrau

So Ecl.part.	12.09.1931	4:40
So Ecl.tot.	12.09.1950	3:37
So Ecl.ann.	11.09.1969	19:58
So Ecl.ann.	11.09.1988	4:44
So Ecl.part.	*11.09.2007*	*12:32*

Sonne: 29° Jungfrau

So Ecl.tot.	22.09.1968	11:17
So Ecl.ann.	23.09.1987	3:11
So Ecl.ann.	*22.09.2006*	*11:40*
So Ecl.part.	21.09.2025	19:42

Sonne: 10° Waage

So Ecl.ann.	03.10.1986	19:04
So Ecl.ann.	*03.10.2005*	*10:31*
So Ecl.ann.	02.10.2024	18:45

Sonne: 19° Waage

So Ecl.tot.	12.10.1939	20:39
So Ecl.tot.	12.10.1958	20:54
So Ecl.tot.	12.10.1977	20:26
So Ecl.part.	*12.10.1996*	*14:02*

Sonne: 21° Waage

So Ecl.part.	*14.10.2004*	*2:58*
So Ecl.ann.	14.10.2023	17:58
So Ecl.ann.	14.10.2042	1:59
So Ecl.ann.	13.10.2061	10:31

Sonne: 0° Skorpion

So Ecl.tot.	23.10.1957	4:52

So Ecl.tot.	23.10.1976	5:12
So Ecl.tot.	*24.10.1995*	*4:32*
So Ecl.part.	23.10.2014	21:45

Sonne: 11° Skorpion

So Ecl.part.	03.11.1975	13:14
So Ecl.tot.	*03.11.1994*	*13:38*
So Ecl.tot.	03.11.2013	12:46
So Ecl.part.	03.11.2032	5:33

Sonne: 22° Skorpion

So Ecl.part.	*13.11.1993*	*21:44*
So Ecl.tot.	13.11.2012	22:11
So Ecl.ann.	14.11.2031	21:06
So Ecl.part.	14.11.2050	13:29

Sonne: 1° Schütze

So Ecl.part.	23.11.1946	17:35
So Ecl.ann.	23.11.1965	4:13
So Ecl.tot.	22.11.1984	22:53
So Ecl.tot.	*23.11.2003*	*22:50*

Sonne: 12° Schütze

So Ecl.part.	04.12.1964	1:30
So Ecl.ann.	04.12.1983	12:29
So Ecl.tot.	*04.12.2002*	*7:31*
So Ecl.tot.	04.12.2021	7:33

Sonne: 23° Schütze

So Ecl.part.	15.12.1982	9:30
So Ecl.ann.	*14.12.2001*	*20:51*
So Ecl.tot.	14.12.2020	16:13
So Ecl.tot.	15.12.2039	16:22

Sonne: 3° Steinbock		
So Ecl.part.	24.12.1916	20:45
So Ecl.ann.	25.12.1935	17:58
So Ecl.ann.	25.12.1954	7:35
So Ecl.ann.	24.12.1973	15:02
So Ecl.part.	*24.12.1992*	*0:31*

Sonne: 4° Steinbock		
So Ecl.part.	*25.12.2000*	*17:33*
So Ecl.ann.	26.12.2019	5:17
So Ecl.tot.	26.12.2038	0:58
So Ecl.tot.	26.12.2057	1:13

Sonne: 14° Steinbock		
So Ecl.part.	05.01.1935	5:34
So Ecl.ann.	05.01.1954	2:30
So Ecl.ann.	04.01.1973	15:45
So Ecl.ann.	*04.01.1992*	*23:05*
So Ecl.part.	04.01.2011	8:51

Sonne: 25° Steinbock		
So Ecl.ann.	16.01.1972	11:01
So Ecl.ann.	*15.01.1991*	*23:52*
So Ecl.ann.	*15.01.2010*	*7:06*
So Ecl.part.	14.01.2029	17:13

Sonne: 6° Wassermann		
So Ecl.ann.	**26.01.1990**	**19:29**
So Ecl.ann.	**26.01.2009**	**7:58**
So Ecl.ann.	26.01.2028	15:07
So Ecl.part.	26.01.2047	1:32

145

Sonne: 16° Wassermann

So Ecl.tot.	04.02.1943	23:37
So Ecl.tot.	05.02.1962	0:11
So Ecl.ann.	04.02.1981	22:09
So Ecl.part.	*05.02.2000*	*12:50*

Sonne : 17° Wassermann

So Ecl.ann.	*07.02.2008*	*3:54*
So Ecl.ann.	06.02.2027	15:58
So Ecl.ann.	05.02.2046	23:04
So Ecl.part.	05.02.2065	9:51

Sonne: 27° Wassermann

So Ecl.tot.	15.02.1961	8:18
So Ecl.tot.	16.02.1980	8:52
So Ecl.ann.	*16.02.1999*	*6:34*
So Ecl.part.	15.02.2018	20:52

Sonne: 8° Fische

So Ecl.tot.	26.02.1979	16:53
So Ecl.tot.	*26.02.1998*	*17:28*
So Ecl.ann.	26.02.2017	14:53
So Ecl.part.	27.02.2036	4:46

Sonne: 19° Fische

So Ecl.tot.	*09.03.1997*	*1:23*
So Ecl.tot.	09.03.2016	1:56
So Ecl.ann.	09.03.2035	23:04
So Ecl.part.	09.03.2054	12:32

Sonne: 28° Fische

So Ecl.ann.	18.03.1950	15:30
So Ecl.ann.	18.03.1969	4:48
So Ecl.tot.	18.03.1988	1:58
So Ecl.part.	*19.03.2007*	*2:32*

Zuordnungen für Länder und Städte

Seit den ersten astrologischen Lehrwerken werden Zuordnungen von Städten und Ländern zu bestimmten Tierkreiszeichen überliefert. Die folgende Tabelle wurde aus mehreren Quellen zusammengetragen, unter anderem Ptolemäus, Zadkiel, deVore, Glahn, Baumgartner und aus der Zeitschrift Zenit. Die Tabelle enthält überlieferte Zuordnungen von Ländern und Städten und ist nach Tierkreiszeichen sortiert. Am Ende jedes Tierkreiszeichens sind die Städte aufgeführt, deren exakte Gradposition in Klammern angegeben ist.

♈

Bastarnien
Belgrad
Berlin
Birmingham
Braunschweig (→ Fische)
Britannien
Burgund (→ Krebs)
Capua
Dänemark
Deutschland
England
Florenz
Galatien
Germanien
Helsingfors
Idumaea
Japan (→ Waage)
Judäa (→ Skorpion)
Kölesyrien
Krakau (→ Löwe)

Leicester (→ Fische)
Lithuania
Marseille
Narvik Norwegen
Neapel
Padua
Palästina
Palermo (→ Stier)
Polen (Unteres)
Saragossa
Syrien (→ Stier)
Tokio
Utrecht
Verona
Windhuk
Yokohama
Berlin (4°)
Grosslichterfelde (4°)
Ohlau (6°)
Wattenscheid (7°)
Solingen (18°)
Remscheid (25°)

♉

Arnswalde
Aserbaidschan
Bagdad (→ Jungfrau)
Bangkok
Bensheim
Braunau
Dublin
Franken
Gent (→ Skorpion)
Georgia
Georgien
Griechenland - Archipel
Holland (→ Krebs)
Iran
Irland
Kaukasus
Klein-Asien Küste
Kleinasien
Leipzig (→ Zwillinge)
Lille
Lothringen
Luzern
Mantua
Mozendaran
Nantes
Niederlande
Palermo (→ Widder)
Parma
Parthien
Peking
Persien (→ Fische)
Polen
Rhodos (→ Jungfrau)
Russland (→ Wassermann)
San Francisco (→ Zwillinge)

Schweden (→ Wassermann)
Schweiz (→ Jungfrau)
St. Louis
Syrien (→ Skorpion,
     Widder)
Teheran
Weissrussland (→ Wasser-
mann)
Würzburg
Zürich (→ Steinbock)
Zykladen
Zypern
Amberg (4°)
Bayreuth (4°)
Bielefeld (4°)
Eschweiler (4°)
Freising (4°)
Coburg (5°)
Garz Ostsee (6°)
Duisburg (7°)
Hannover (8°)
Stolberg (8°)
Weissenfels (8°)
Wetzlar (13°)
Saarbrücken (14°)
Aachen (15°)
Kattowitz (16°)
Meissen (16°)(→ Schütze)
Mönchengladbach (17°)
Donauwörth (18°)
Baden-Baden (23°)
     (→ Skorpion, Löwe)
Magdeburg (23°)(→ Krebs)
Würzburg (23°)
Königsberg Preussen (24°)
Soest (28°)

♊

Afrika-Nordostküste
Ägypten (Unter-)
Armenien
Bamberg (→ Zwillinge)
Belgien
Brabant
Brügge
Cordoba
England-West
Flandern
Friedland Ostpreussen
Hyrkanien
Kissingen (→ Jungfrau,
    Schütze)
Lombardei
Löwen
Madras
Mainz
Marmarika
Mathianien
Metz (→ Steinbock)
New York (→ Krebs)
Nürnberg (→ Skorpion)
Plymouth (→ Skorpion)
Reichenberg Sudetenland
San Francisco (→ Stier)
Sardinien
Singapur
Tripoli
USA
Versailles
Villach
Wales
Württemberg (→ Schütze)
Aurich (4°)
Beuthen (4°)

Dessau (4°)
Güstrow (4°)
Herford (4°)
Holzminden (4°)
Linden (4°)
Luckau (4°)
Ansbach (5°)
Hagen Westfalen (5°)
Krefeld (5°)
Küstrin (5°)
Landshut (5°)(→ Skorpion)
Fulda (6°)
Aalen (7°)
Bad Oldeslohe (8°)
Münster Westfalen (8°)
Neumarkt Schlesien (8°)
Osnabrück (8°)
Schneidemühl (8°)
Minden (9°)
Viersen (9°)
Melbourne (10°29)
Genf (15°)(→ Krebs)
Iserlohn (15°)
Kaiserslautern (15°)
Leipzig (15°)(→ Stier)
Neuss (15°)
Neustadt (15°)
Rahlstedt (15°)
Bamberg (16°)(→ Zwillinge)
Bremen (16°)(→ Wasser-
    mann)
Freiburg Schleswig (16°)
Friedland Mecklenburg (16°)
Graudenz (16°)
Heidelberg (16°)
        (→ Jungfrau)
Hirschberg Schleswig (16°)

150

Höchst Main (16°)
Jena (16°)
Lörrach (16°)
Neukirchen Saar (16°)
Oppeln (16°)
Paderborn (16°)
Pyritz (16°)
Ratzeburg (16°)
Reutlingen (16°)
        (→ Skorpion)
London (17°54)
Posen (18°)(→ Steinbock)
Sigmaringen (18°)
Mainz (23°)
Cochem (24°)
Landsberg a.W. (24°)
Mannheim (24°)
Ravensburg (24°)
Mühlhausen i.Th. (25°)
Limburg (26°)
Rheydt (27°)
Dorsten (28°)

♋

Afrika
Algier (→ Skorpion)
Amsterdam
Anatolien
Barcelona
Bern
Bithynien
Burgund (→ Widder)
Cadiz (→ Schütze)
Genf (→ Zwillinge)
Genua (→ Löwe)
Gera (0°)
Görlitz (→ Löwe)

Holland (→ Stier)
Istanbul (→ Fische)
Kairo
Kalkutta
Karthago
Konstantinopel
Kopenhagen (→ Waage)
Kulmbach
Lübeck (→ Fische)
Magdeburg (→ Stier)
Mailand
Manchester
Mauritius
Neuseeland
New York (→ Zwillinge)
Nordafrika
Numidien
Odessa
Ostende
Paraguay
Phrygien
Portsmouth (→ Löwe)
Rotterdam
Schottland
Sewastopol
Southampton
Stockholm (→ Steinbock)
Thessaloniki (→ Jungfrau)
Trier
Tunis
Überlingen
Venedig
York
Eisleben (1°)
Bremerhaven (2°)
Karlsruhe (3°)
Augsburg (4°)(→ Steinbock)

Brandenburg (4°)
        (→ Steinbock)
Erlangen (4°)
Gross-Strehlitz (4°)
Halberstadt (4°)
Höxter (4°)
Ingolstadt (4°)(→ Wasser-
        mann)
Kassel (4°)
Konstanz (5°)(→ Steinbock)
Kiel (7°)
Lübeck (12°)(→ Fische)
Trier (15°)
Frankfurt Oder (16°)(→
        Skorpion)
Ludwigshafen (17°)
Bruchsal (24°)(→ Skorpion)
Marburg (25°)
Regensburg (25°)(→ Fische)
Wilhelmshaven (25°)
Zweibrücken (25°)

♌

Alpen
Apulien
Baden
Baden-Baden (→ Stier, Skor-
        pion)
Bodensee
Böhmen
Bratislava
Bristol
Chaldäa
Chicago (0°-10°)
Damaskus
Frankreich
Gallien

Genua (→ Krebs)
Irak (→ Jungfrau)
Italien
Koblenz (→ Schütze)
Krakau (→ Widder)
Krems
Linz (→ Steinbock)
Luxembourg
Madrid
Neuwied Rhein
Nordrumänien
Orchinien
Philadelphia
Phönizien
Portsmouth (→ Krebs)
Prag
Ravenna
Rom
Rumänien
Sidon
Sizilien
Ulm (→ Fische)
Chemnitz (4°)
Remagen (4°)
Chicago (5°)
Essen (5°)
Göttingen (6°)
Tilsit (13°)
Eisenach (14°)
Bad Godesberg (16°)
Bingen (16°)
Glückstadt (16°)
Görlitz (16°)(→ Krebs)
Pforzheim (16°)
Rosenheim (16°)
Rüdesheim (18°)
Trabentrarbach (18°)

Bombay (20°-30°)
Andernach (24°)
Bad Kreuznach (24°)
Düren (24°)
Rom (24°)
Bergisch-Gladbach (25°)
Bombay (25°)

♍

Achaia
Assyrien
Astyra
Babylon
Bagdad (→ Stier)
Basel (→ Fische)
Boston
Brasilien (→ Fische)
Breslau
Brindisi
Bukarest
Cambridge
Cheltenham
Dorpat
Edinburgh
Elsass
Erfurt (→ Skorpion)
Greenwich
Griechenland (→ Steinbock)
Heidelberg (→ Zwillinge)
Hellas
Indien - West
Irak (→ Löwe)
Jerusalem
Kaliningrad
Kissingen (→ Schütze, Zwil-
    linge)
Korinth

Kreta
Kroatien
Kurdistan
Lausanne
Lodz
Los Angeles
Lyon
Mesopotamien
Navarra
Norwich
Rhodos (→ Stier)
Riga
Schlesien
Schweiz (→ Stier)
Smolensk
Strassburg
Thessaloniki (→ Krebs)
Toulouse
Turin
Türkei
Virginia
Zagreb
Breslau (4°)
Lötzen (4°)
Wurzen (7°)
Meppen (8°)
Plauen (8°)
Wittenberg (8°)
Mülhausen Elsass (9°)
Neustettin (9°)
Stade (14°)
Neustadt a.H. (17°)
Prenzlau (18°)
Recklinghausen (18°)
Saalfeld (18°)
Lippstadt (23°)
Osterode (23°)

Rixdorf (23°)
Saarlouis (23°)
Zerbst (23°)
Strassburg (24°)
Nördlingen (25°)
Wernigerode (25°)
Offenbach (27°)
Wolfenbüttel (27°)
Tübingen (28°)(→ Skorpion)
Paris (29°)

♎

Adrianopel
Ägypten (Ober-)
Argentinien
Baktrien
Brünn
Charlestown
China
Den Haag
Ellsass
Ellwangen
Frankfurt/Main
Freiburg
Gaeta
Haag
Hanau (→ Schütze)
Hohenzollern
Indochina
Japan (→ Widder)
Kaspisches Meer
Kopenhagen (→ Krebs)
Lissabon
Ludwigsburg
Marbach
Nizza
Nottingham

Osaka
Österreich
Piacenza
Rottweil (→ Skorpion)
Savoyen
Schwäbisch-Hall
Speyer (→ Schütze)
St. Petersburg
Theben
Tibet
Wien
Wiesbaden
Wimpfen
Bonn (4°)
Dresden (4°)
Düsseldorf (4°)
Wiesbaden (4°-7°)
Grünberg Schleswig (5°)
Johannesburg (5°)
Freiburg Breisgau (8°)
Treptow (Berlin) (8°)
Rastatt (14°)
Ludwigsburg (15°)
Moers (15°)
Neubrandenburg (15°)
Straubing (15°)
Celle (16°)
Frankfurt Main (16°)
Schweinfurt (16°)
Uelzen (17°)
Quedlinburg (18°)
Schöneberg (19°)
Antwerpen (21°)
Bauzen (24°)
Euskirchen (24°)
Johannesburg (27°)

♏

Algerien
Algier (→ Krebs)
Allgäu
Baden-Baden (→ Löwe, Stier)
Baltimore
Bayern
Berberei
Brixen
Bruchsal (→ Krebs)
Cincinnati
Danzig
Eichstätt
Frankfurt Oder (→ Krebs)
Gaetulien
Gent (→ Stier)
Günzburg (→ Wassermann)
Halifax
Hull
Judäa (→ Widder)
Jütland
Kapadozien
Katalonien
Kiew
Lappland
Liverpool
Lublin
Lüttich (→ Schütze)
Marokko
Mauritanien
Metagonien
Mittelfranken
Moskau (→ Steinbock)
München
New Orleans
Newcastle
Norwegen

Passau (→ Wassermann)
Plymouth (→ Zwillinge)
Queensland
Reutlingen (→ Zwillinge)
Rotenburg
Schleiz Thüringen
Schweden - westlich
Shanghai
Stalingrad
Syrien (→ Stier)
Traunstein
Tübingen (→ Jungfrau)
Valencia (→ Waage)
Warschau (→ Steinbock)
Washington
Wildbad
Wuppertal
Siegen (3°)
Cottbus (4°)
Danzig (4°)
Gotha (4°)
Heilbronn (4°)
Husum (4°)
Kolmar (4°)
Köthen (4°)
Nürnberg (4°)(→ Zwillinge)
Eupen (5°)
Gelsenkirchen (5°)
Goslar (5°)
Landau Pfalz (5°)
Neckarsulm (5°)
Marienburg Preussen (7°)
Milwaukee (7°)
Eutin (14°)
Liegnitz Schlesien (15°)
Erfurt (16°)(→ Jungfrau)
Esslingen (16°)

Fürth (16°)
Kempten (16°)
Landshut (16°)(→ Zwillinge)
Nordhausen (16°)
Milwaukee (17°)
München (17°)
Messina (18°)
Rottweil (18°)(→ Waage)
Zittau (18°)
Barmen (Wuppertal) (24°)
Lindau Bodensee (25°)
Wismar (28°)
Zabern (28°)

♐

Albanien (→ Steinbock)
Arabien (→ Wassermann)
Australien
Avignon
Bologna
Bordeaux
Bradford
Budapest
Cadiz (→ Krebs)
Dalmatien
Ferrara
Frankreich (Seine→ Garon-
   ne)
Hessen (→ Steinbock)
Istrien
Kap finis terre
Kelten, das Land der
Kissingen (→ Zwillinge,
   Jungfrau)
Köln
Lüttich (→ Skorpion)
Madagaskar

Mähren
Mazedonien (→ Steinbock)
Meissen (→ Stier)
Narbonne
Provence
Rothenburg o.d.Tauber
Sachsen
Schwäbisch-Gmünd
Sheffield
Slavonien
Spanien
Stuttgart
Sunderland
Sydney
Thyrrhenien
Toledo
Toronto (→ Wassermann)
Toskana
Toulon
Ungarn
Württemberg (→ Zwillinge)
Hanau (4°)(→ Waage)
Koblenz (4°)(→ Löwe)
Wilmersdorf (Berlin) (5°)
Saarburg (8°)
Stettin (8°)(→ Steinbock)
Memel (9°)
Rudolstadt (15°)
Clausthal (16°)
Emden (16°)
Gmünd (16°)
Greifswald (16°)
Hersfeld (16°)
Hof (16°)
Homberg (16°)
Jever (16°)
Kleve (16°)

Speyer (16°)(→ Waage)
Württemberg (16°)(→ Zwillinge)
Rendsburg (18°)
Schleswig (18°)(→ Steinbock)
Stuttgart (19°)
Köln (23°)
Brühl (24°)
Waldenburg Schlesien (27°)

♑

Aberdeen
Afghanistan
Albanien (→ Schütze)
Archangelsk
Arrianien
Augsburg (→ Krebs)
Benares
Berg (NL)
Bocholt
Bosnien
Brandenburg (→ Krebs)
Brüssel
Bulgarien
Delhi
Fayence
Göteborg
Griechenland (→ Jungfrau)
Hammerfest Norwegen
Helgoland
Hessen (→ Schütze)
Illyrien
Indien
Innsbruck
Island
Konstanz (→ Krebs)

Linz (→ Löwe)
Litauen (→ Wassermann)
Mazedonien (→ Schütze)
Mecklenburg
Mekka
Mexiko
Moskau (→ Skorpion)
Müllheim Rhein
Omsk
Orkney-Inseln
Ostrau Mähren
Oxford
Port Said
Posen (→ Zwillinge)
Prato
Punjab
Rotenburg a.d. Fulda
Sachsen - südwest
Schleswig (→ Schütze)
Seoul (→ Fische)
Spitzbergen
Steiermark
Stettin (→ Schütze)
Stockholm (→ Krebs)
Tauberbischofsheim
Thrakien
Thüringen
Vaduz
Warschau (→ Skorpion)
Westfalen (→ Wassermann)
Zürich (→ Stier)
Hildesheim (3°)
Jülich (3°)
Aschaffenburg (4°)
Aschersleben (4°)
Bückeburg (4°)
Gerolstein (4°)

Glogau (4°)
Greifenberg Pommern (4°)
Halle Saale (4°)
Hameln (4°)
Herzogenrath (4°)
Meiningen (4°)
Klagenfurt (6°)
Rostock (7°)
Schweidnitz (7°)
Lüdenscheid (8°)
Naumburg a.S. (8°)
Oberlahnstein (8°)
Offenburg (8°)
Neustadt Oberschlesien (9°)
Potsdam (15°)
Rügen (17°)
Saargemünd (18°)
Salzwedel (18°)
Spandau (18°)
Steglitz (Berlin) (18°)
Wandsbek (Hamburg) (18°)
Zehlendorf (Berlin) (19°)
Zwickau (19°)
Dortmund (22°)(→ Wasser-
mann)
Pirmasens (23°)
Bochum (24°)
Flensburg (24°)
Metz (25°)(→ Zwillinge)
Mülheim Ruhr (25°)
Rinteln (25°)

♒

Abessinien
Arabien (→ Schütze)
Arabien-steiniger Teil
Athen

Äthiopien (Mittel-)
Azanien
Bad Tölz
Bremen (→ Zwillinge)
Brighton
Frankreich (Maas→ Mosel)
Günzburg (→ Skorpion)
Hamburg
Honolulu
Ingolstadt (→ Krebs)
Leiden
Litauen (→ Steinbock)
Minsk
Nord-Russland
Oslo
Piemont
Polen - russisch
Preussen
Russland (→ Stier)
Salisbury
Salzburg
Schweden (→ Stier)
Tartarei
Toronto (→ Schütze)
Triest
Tuttlingen
Wallachei
Weissrussland (→ Stier)
Westfalen (→ Steinbock)
Altona (4°)
Aussig (4°)
Bunzlau (4°)
Darmstadt (4°)
Gütersloh (4°)
Hamburg (8°-9°)
Karlsbad Tschechei (8°)
Salzburg (14°)

Graz (18°)
Stralsund (18°)
Merseburg (23°)
Dortmund (24°)(→ Stein-
bock)
Weimar (24°)
Oldenburg (25°)
Passau (25°)(→ Skorpion)
Hamburg (26°)
Rüsselsheim (28°)

Ahrweiler
Alexandria
Basel (→ Jungfrau)
Batavia
Bournemouth
Brasilien (→ Jungfrau)
Calais
Ceylon
Galizien
Garamanten, das Land der
Istanbul (→ Krebs)
Java
Kalabrien
Kap der guten Hoffnung
Kilikien
Kleinasien - südl.
Leicester (→ Widder)
Lydien
Malta
Niederbayern
Normandie
Nubien
Osterode Ostpreussen
Pamphylien
Persien (→ Stier)

Phazanien
Portugal
Regensburg (→ Krebs)
Rio de Janeiro
Sankt Helena
Sao Paulo
Seoul (→ Steinbock)
Sevilla
Sofia
St. Gallen
Wilna
Worms
Schwerin (8°)
Braunschweig (16°)(→ Wid-
der)
Worms (17°)
Lübeck (25°)(→ Krebs)
Lüneburg (25°)
Ulm (25°)(→ Löwe)

159

Liste der Fixsterne

Die Positionen der folgenden Fixsternliste wurden jeweils auf den 1. Januar 2000 berechnet. Dem Namen des Fixsterns folgt die astronomische Benennung, dann die Tierkreisposition, die Größenordnung (1-4), die südliche oder nördliche Breite des Fixsterns und schließlich die astrologische Klassifikation, soweit sie recherchierbar war. Zur weiteren Lektüre empfehle ich die Bücher von Brady, Ebertin/Hoffman, Robson, Baumgartner, Ptolemäus und Noonan.

Deneb Kaitos	Bet cet	2	2°49' ♈	20°19S	Sa
Algenib/Pegasus	gam peg	2	9°09' ♈	12°36N	Ma/Me
Erakis	mu cep		9°42' ♈	64°12N	
Alderamin	alf cep	3	12°46' ♈	68°55N	Sa/Ju
Sirrah	alf and	2	14°18' ♈	25°41N	Ve/Ve/Ju
Nodus2	del dra		17°09' ♈	82°53N	
Delta Cephei	del cep		17°36' ♈	59°33N	
Baten Kaitos	zet cet	3	22°25' ♈	19°15S	Sa
Acamar	the eri		24°05' ♈	52°51S	
Al Pherg	eta psc		26°49' ♈	5°23N	
Cassiopeia-A	cas a		27°21' ♈	54°52N	
Alriska	alf psc		29°23' ♈	9°04S	
Mirach	bet and	2	0°24' ♉	25°57N	Ve
Mira	om ceti	2	1°40' ♉	15°33S	Sa
Tyl	eps dra		2°41' ♉	79°29N	
Mesartim	gam ari		3°11' ♉	7°10N	
Sheritan	bet ari	3	3°58' ♉	8°29N	Sa/Ma
Caph	bet cas		5°07' ♉	51°13N	
Alphirk	bet cep		5°33' ♉	71°09N	
Metallah	alf tri	4	6°52' ♉	16°48N	Me
Hamal (El Nath)	alf ari	2	7°40' ♉	9°58N	Sa/Ma

Schedir	alf cas	1	7°47' ♉	46°37N	Sa/Ve
Kaffaljidhma	gam cet		9°26' ♉	12°00S	
Achird	eta cas		10°14' ♉	47°02N	
Alamak	gam and	2	14°13' ♉	27°49N	Ve
Menkar	alf cet	2	14°19' ♉	12°35S	Sa
Rucha	del cas		17°55' ♉	46°24N	
Rana	del eri		21°24' ♉	26°53S	
Capulus	hchi per		24°12' ♉	40°22N	
Zanrak/Eridan	gam eri	3	24°15' ♉	31°56S	Sa
Segin	eps cas		24°46' ♉	47°33N	
Algol	bet per	3	26°10' ♉	22°26N	Sa/Ju/Ma
Miram	eta per		28°42' ♉	37°29N	
Plejaden	plejade		29°59' ♉	4°03N	
Alrai	gam cep		0°05' ♊	64°40N	
Mirfak	alf per		2°05' ♊	30°08N	
Prima Hyadum	gam tau	4	5°48' ♊	5°44S	Ma
Merope	del tau	4	6°52' ♊	3°58S	Ma
Ain/Stierauge	eps tau	4	8°28' ♊	2°34S	Ve
Aldebaran	alf tau	1	9°47' ♊	5°28S	Ma
Tabit	pi3 ori		11°55' ♊	15°23S	
Cursa	bet eri		15°19' ♊	27°34S	
Rigel	bet ori	1	16°53' ♊	30°36S	Ju/Ma
Nihal	bet lep		19°51' ♊	42°19S	
Bellatrix	gam ori	2	20°57' ♊	16°49S	Ma/Me
Arneb	alf lep		21°32' ♊	39°21S	
Capella	alf aur	1	21°51' ♊	22°52N	Ma/Me
Phacht (Noahs Taube)	alf col	3	22°12' ♊		Ve/Me
Mintaka	del ori		22°24' ♊	22°53S	
Nath	bet tau	2	22°34' ♊	5°23N	Ma/Me
Ensis	m-42		23°02' ♊	27°50S	
Hatsya	iot ori		23°07' ♊	27°19S	
Alnilam	eps ori		23°29' ♊	24°02S	
Alnitaka	zet ori		24°46' ♊	23°21S	

Al Hecka	zet tau		24°47' ♊	2°12S	
Saiph	kap ori		26°27' ♊	31°42S	
Polaris	alf umi	2	28°32' ♊	66°08N	Sa/Sa/Ve
Beteigeuze	alf ori	1	28°45' ♊	16°02S	Ma/Me
Menkalinam	bet aur	2	29°55' ♊	21°31N	Ju/Ma
Yildun	del umi		1°12' ♋	69°56N	
Propus	eta gem	3	3°26' ♋	0°53S	Me/Ve
Tejat post	mu gem	3	5°18' ♋	0°49S	Me/Ve
Mirzam	bet cma		7°04' ♋	39°24S	
Furud	zet cma		7°22' ♋	53°17S	
Alhena	ga gem	2	9°06' ♋	6°37S	Me/Me/Ve
Mebsuta	eps gem		9°56' ♋	2°04N	
Alzirb	xi gem		11°13' ♋	10°06S	
Sirius	alf cma	1	13°56' ♋	38°18S	Ju/Ma
Mekbuda	zet gem		14°59' ♋	2°02S	
Wasat	del gem	4	18°31' ♋	0°11S	Sa
Castor(Apoll)	alf gem	2	20°15' ♋	10°06N	Me
Adara	eps cma		20°20' ♋	49°34S	
Elgomeisa	bet cmi		22°12' ♋	13°29S	
Muscida	omi uma		23°00' ♋	40°15N	
Pollux(Herkules)	bet gem	2	23°13' ♋	6°41N	Ma
Wezen	del cma		23°14' ♋	47°50S	
Prokyon	alf cmi	1	25°48' ♋	16°00S	Ma/Me
Aludra	eta cma		29°24' ♋	50°13S	
Talitha	iot uma		2°48' ♌	29°35N	
Al Tarf	bet cnc		4°15' ♌	10°17S	
Praesepe	eps cnc	6	7°20' ♌	1°18N	Ma/Mo
Asellus bor	gam cnc	5	7°32' ♌	3°12N	Ma/So
Asellus aust	del cnc	4	8°43' ♌	0°05N	Ma/So
Kochab	bet umi	2	13°19' ♌	72°59N	Ma
Sertan	alf cnc	4	13°38' ♌	5°05S	Sa/Me
Dubhe	alf uma	2	15°12' ♌	49°41N	Ma
Naos	zet pup		17°21' ♌	56°45S	
Alterf	lam leo		17°52' ♌	7°53N	

Merak	bet uma	2	19°26' ♌	45°08N	Ma
Tania boreale	lam uma		19°33' ♌	29°53N	
Ras Elased	eps leo	3	20°42' ♌	9°43N	Sa/Ma
Tania australe	mu uma		21°14' ♌	29°00N	
Ras Elased boreale	mu leo		21°26' ♌	12°21N	
Pherkad	gam umi		21°36' ♌	75°14N	
Subra	omi leo		24°15' ♌	3°45S	
Alfard	alf hya	1	26°58' ♌	21°33S	Sa/Ve
Adhafera	zet leo		27°34' ♌	11°52N	
Al Jabhah	eta leo		27°54' ♌	4°52N	
Regulus	alf leo	1	29°50' ♌	0°28N	Ju/Ma
Phachd	ga uma	2	0°29' ♍	47°08N	Ma
Megrez	del uma		1°04' ♍	51°39N	
Alula boreale	nu uma		6°39' ♍	26°10N	
Alula australe	xi uma		7°21' ♍	24°44N	
Alioth	eps uma	2	8°56' ♍	54°19N	Ma
Zosma	del leo	3	11°19' ♍	14°20N	Sa/Ve
Coxa	the leo		13°25' ♍	9°41N	
Mizar	zet uma	2	15°42' ♍	56°23N	Ma
Copula	m-51		25°08' ♍	50°56N	
Labrum	del crt		26°15' ♍	16°39S	
Markeb	kap vel		26°30' ♍	62°33S	
Benetnasch	eta uma	2	26°56' ♍	54°23N	Sa/Ma/Ur
Zavijava	bet vir		27°09' ♍	0°42N	
Edasich	iot dra		4°57' ♎	71°06N	
Tureis	iot car		5°04' ♎	67°02S	
Vindemiatrix	eps vir	3	9°57' ♎	16°12N	Sa/Me
Porrima	gam vir		10°01' ♎	3°07N	
Minkar	eps crv		11°22' ♎	19°03S	
Aura	del vir		11°28' ♎	8°37N	
Alchiba	alf crv		11°50' ♎	20°56S	
Becrux	bet cru		17°16' ♎	17°49S	
Seginus	gam boo	3	17°40' ♎	49°33N	Ju/Sa

163

Mufrid	eta boo		19°20' ♎	28°05N	
Foramen	eta car		20°59' ♎	58°21S	
Heze	zet vir		21°53' ♎	9°16N	
Spica	alf vir	1	23°10' ♎	0°23S	Ve/Ve/Ma
Arkturus	alf boo	1	24°14' ♎	30°46N	Ju/Ma
Nekhar	bet boo		24°15' ♎	54°09N	
Izar	eps boo		28°06' ♎	40°37N	
Princeps	del boo	3	3°09' ♏	48°58N	Ju/Me
Nusakan	bet crb		9°07' ♏	46°03N	
Acrux	alf cru		10°08' ♏	51°37S	
Becrux	bet cru	1	10°55' ♏	47°58S	Ju
Menkent	the cen		12°13' ♏	21°50S	
Gemma	alf crb	2	12°18' ♏	44°19N	Ve/Me
Elkhiffa austr.	alf lib	2	14°35' ♏	1°56N	Ma/Me
Zuben al Akribi	del lib		15°06' ♏	8°52N	
Elkhiffa bor.	bet lib	2	19°16' ♏	8°53N	Ju/Me
Unuk Elhaija	alf ser	2	22°04' ♏	25°30N	Sa/Ma
Agena/Im Kentauren	bet cen	1	23°37' ♏	43°54S	Ve/Ju
Zuben El Akrab	gam lib		24°50' ♏	5°36N	
Bungula/ Toliman	alf cen	1	28°50' ♏	41°26S	Ve/Ju
Yed 1	del oph	3	2°05' ♐	18°21N	Sa/Ve
XAkrab	del sco	3	2°23' ♐	1°03S	Ma/Sa
XStirn d.Skorp.	bet sco	2	2°56' ♐	2°19N	Ma/Ma/Sa
Yed 2	eps oph	3	3°17' ♐	17°34N	Ma
Antares	alf sco	1	9°40' ♐	3°56S	Ma/Ma/Ju
Alwaid	bet dra		11°58' ♐	75°17N	
Sarin	del her		14°46' ♐	47°41N	
Ras Algethi	alf her	3	16°09' ♐	37°17N	Ma/Ve
Grafias	zet sco		17°10' ♐	19°05S	
Sabik	eta oph	2	17°51' ♐	8°31N	Sa/Ve
Atria	alf tra		20°24' ♐	44°19S	
Ras Alhague	alf oph	2	22°27' ♐	35°50N	Sa/Ve

164

Lesath	ups sco	2	23°59' ♐	13°30S	Me/Ma
Shaula	lam sco		24°35' ♐	13°39S	
Kelb Alrai	bet oph		25°20' ♐	27°56N	
Sargas	the sco		25°30' ♐	17°43S	
Galakt.Zentrum	c galax		26°46' ♐	3°42S	
Eltamin	gam dra	2	27°58' ♐	74°55N	Sa/Ma/Ju
Acumen	m-7		28°43' ♐	9°47S	
Sinistra	nu oph		29°45' ♐	15°12N	
Spiculum	m-8		1°04' ♑	0°14S	
Alnasi	gam sgr		1°16' ♑	6°08S	
Polis	mu sgr		3°13' ♑	2°29N	
Kaus Medius	del sgr		4°38' ♑	4°46S	
Kaus australis	eps sgr		5°07' ♑	10°14S	
Nördl.Bogenteil	lam sgr	3	6°21' ♑	1°14S	Ju/Ma
Facies	m-22		8°25' ♑	1°11N	
Nunki	sig sgr		12°27' ♑	2°44S	
Ascella	zet sgr		13°50' ♑	5°17S	
Wega	alf lyr	1	15°19' ♑	61°44N	Ve/Me
Alya	the ser		15°45' ♑	26°53N	
Arkab posterior	bet2 sg		16°07' ♑	20°44S	
Albedah	pi sgr		16°17' ♑	1°39N	
Rukbat	alf sgr		16°51' ♑	16°58S	
Sheliak	bet lyr		18°53' ♑	55°59N	
Dhanab/ Schwanz d.Adlers	zet aql	3	19°48' ♑	36°11N	Ma/Ju
Sulaphat	gam lyr		21°55' ♑	55°01N	
Deneb Okab	del aql		23°38' ♑	24°49N	
Tarazed	gam aql		0°56' ≈	31°15N	
Unteres Pfeilende	alf sge	5	1°04' ≈	38°47N	Ma/Ma/Ve
Albireo	bet cyg	3	1°15' ≈	48°58N	Ve/Me
Altair	alf aqi	1	1°46' ≈	29°18N	Ma/Ju
Alshain	bet aql		2°25' ≈	26°40N	
Giedi secunda	alf2 ca	3	4°10' ≈	8°18N	Ve/Ve/Ma
Dabih	bet cap	3	4°28' ≈	6°25N	Ve/Ve/Ma

Albali	eps aqr		12°05' ≈	9°23N	
Alnair	alf gru		16°06' ≈	32°32S	
Rotanev	bet del		16°20' ≈	31°55N	
Sualocin	alf del	3	17°23' ≈	33°01N	Sa/Ma
Deneb Algedi	gam cap	4	22°22' ≈	0°52S	Sa/Ju
Kitalpha	alf equ		23°07' ≈	20°07N	
Scheddi (Naschi-ra2)	del cap	3	23°47' ≈	1°56S	Sa/Ju
Sadalsund	bet aqr		23°54' ≈	10°07N	
Sador	gam cyg		24°50' ≈	57°07N	
Gienah	eps cyg		27°44' ≈	49°25N	
Enif	eps peg		1°53' ✕	22°06N	
Ancha	the aqr		3°17' ✕	2°46N	
Sadalmelek	alf aqr	3	3°45' ✕	11°43N	Sa/Me
Fomalhaut	alf psa	1	4°38' ✕	19°31S	Ve/Me
Deneb im Schwan	alf cyg	2	5°20' ✕	59°54N	Ve/Me
Biham	the peg		6°50' ✕	16°20N	
Sadalachbia	gam aqr		7°11' ✕	9°26N	
Shat	del aqr		8°56' ✕	8°02S	
Ankaa	alf phe		16°17' ✕	39°38S	
Achernar	alf eri	1	16°39' ✕	58°41S	Ju
Markab	alf peg	2	23°29' ✕	19°24N	Ma/Me
Scheat	bet peg	2	29°22' ✕	31°08N	Sa

Literatur

Appleby, Derek und Maurice McCann. *Eclipses - The power points of astrology,* Wellingborough 1989.

Baumgartner,Hans. *Fixsterne in der politischen Astrologie,* Warpke-Billerbeck, o. J.

Brady, Bernadette. *Brady's Book of Fixed Stars,* York Beach 1998.

Ebertin, Reinhold und Georg Hoffmann, *Die Bedeutung der Fixsterne,* Freiburg 1979.

Jansky, Robert Carl. *Interpreting the Eclipses,* San Diego 1979.

Junctinus. *De Solis et Lunae Eclypsibus Tractatus,* 1581.

Lilly, William. *Annus tenebrosus or the Dark Year,* 1652, Reprint Mansfield/GB, 1997.

Lilly, William. *An Easie and familiar Method whereby to Judge the effects depending on Eclipses,* 1652, Reprint Mansfield/GB, 1997.

Lineman, Rose. *Eclipses: Astrological Guideposts,* Tempe, 1984.

Noonan, George C. *Fixed Stars and Judicial Astrology,* Tempe 1990.

Ptolemäus, Claudius, *Tetrabiblos,* Mössingen 1995.

Robson,Vivian. *Fixsterne: Bedeutung und Konstellationen im Horoskop,* München 1990.

Schultz, Joachim. *Rhythmen der Sterne,* Dornach 1985.

Schwickert, Gustav. *Finsternisse und ihre Wirkungen,* München, 1957.

Sepharial. *Eclipses in Theory and Practise,* 1915, Reprint Mansfield/GB, 1996.

Prof. Dr. Uhle. *Die Fixsterne: Ihre Bedeutung in der Astrologie,* Leipzig o.J.

deVore, Nicholas. *The Encyclopedia of Astrology,* New York 1947.

Daten und Quellen der Horoskope

Kaiserreich Deutschland
18. Januar 1871, 13:00 LMT
Versailles,F, 02E33, 48N48
Quelle/Referenz: Campion, The Book of World Horoscopes (WH2)

Bill Gates
28. Oktober 1955, 22:00 PST
Seattle, USWA, 122W20, 47N36
Quelle/Referenz: Rodden DN 61

Richard Nixon
9. Januar 1913, 21:30 PST
Yorba Linda Ca, , 117W49, 33N53
Quelle/Referenz: Taeger IHL-1

Über die Autorin

Claudia von Schierstedt, geboren am 30. September 1967, ist Musikerin mit einem künstlerischen Examen im Fach Klavier. Seit 1984 beschäftigt sie sich intensiv mit Astrologie. Durch Auftritte bei internationalen Kongressen und ihre zahlreichen Beiträge in Funk und Fernsehen ist sie vor allem als Finanzastrologin bekannt geworden. Sie verfasst regelmäßig Artikel in astrologischen Zeitschriften und betreut die Datenecke der Fachzeitschrift *Meridian.* Im Jahr 1997 erschien ihr viel beachtetes Buch *Astrologische Terminwahl.*

Standardwerke der Astrologie

CLAUDIA VON SCHIERSTEDT

Astrologische Terminwahl

Durch Elektionen im Einklang
mit der Zeitqualität
Broschur, 114 Seiten, 33 Abbildungen

ISBN 3-925100-30-X

Die Frage nach dem richtigen Zeitpunkt
hat die Menschen seit Urbeginn beschäf-
tigt. Neben der populären Form der Mondbeobachtung, kennt die
traditionelle Astrologie vor allem die Elektionen zu einer exakten
Bestimmung von Terminen. Diese Methode der astrologischen Zeit-
wahl ist heute beinahe in Vergessenheit geraten, obwohl sie in früheren Zeiten zum Standardrepertoire eines jeden Astrologen gehörte.
So bestimmte auch Kolumbus nach astrologischen Regeln die Ab-
fahrtszeiten seiner Expeditionen. Elektionen sind Horoskope, die
nach bestimmten Regeln für den Beginn eines Unternehmens ausge-
wählt werden.

Die Autorin ist selbst praktizierende Astrologin und hat hier ein
praktisches Lehrbuch für die astrologische Terminwahl verfasst. Die
Techniken der Elektionsastrologie werden anhand von Anwen-
dungsbeispielen besprochen. Behandelt werden

- Heiratstermine,
- Bewerbungstermine,
- Operationstermine,
- Haus- oder Wohnungssuche und
- Geschäftseröffnungen.

Standardwerke der Astrologie

GREG BOGART

Die Entwicklung der Seele im Horoskop

Therapeutische Astrologie als Lebenshilfe
220 Seiten, Broschur, 7 Abbildungen

ISBN 3-925100-36-9

Bogart zeigt die praktischen Richtlinien für
eine therapeutisch ausgerichtete Astrologie,
indem er die Zeichen und Häuser des Geburtshoroskops als eine
Schablone zur Identifizierung zentraler Beratungsthemen betrachtet.
Jeder Planet verkörpert nicht nur eine bestimmte Form von Bewußtsein oder Aktivität, sondern auch eine bestimmte Zusammenstellung
von Entwicklungsfragen. Der größte Nutzen des Geburtshorosko-
pes liegt darin, daß es uns hilft, die Fragen zu erkennen, die zu dem
gegebenen Zeitpunkt am meisten unter den Nägeln brennen.
Schließlich behandelt er die Frage, wie ein transpersonaler Zugang
zur Astrologie helfen kann, die Umwälzungen einer spirituellen Me-
tamorphose zu erfahren. Die zahlreichen Fallbeispiele dürften für die
Astroberater und Psychotherapeuten von besonderem Interesse sein.
Das hier präsentierte Material ist auch für Menschen geeignet, die die
Astrologie als eine Form der Selbsttherapie benützen wollen, um zu
größerem psychischem und spirituellem Bewußtsein zu gelangen.

»Entwicklung der Seele im Horoskop« eröffnet dem Leser einen
glatten Übergang von astrologischer Deutung zu einer spirituell ein-
fühlsamen Beratung, von psychologischer Methodik zum Symbolge-
halt der Planeten. Greg Bogart lebt und arbeitet in beiden Welten und
legt eine verständnisvolle Abhandlung vor, die alle in einem helfenden Beruf Tätigen lesen sollten. *Noel Tyl*

CHIRON VERLAG

Standardwerke der Astrologie

LIZ GREENE

Abwehr und Abgrenzung

*als positive Seite des Lebens und
die Entsprechungen im Horoskop
Broschur, 314 Seiten, 5 Abbildungen*

ISBN 3-925100-33-4

Wir verwenden den Begriff »Abwehr« oft recht sorglos. Schreiben wir jemand eine Abwehrhaltung zu, so bedeutet dies in Wirklichkeit meist, daß er unsere Sichtweise nicht teilt. Aber Abgrenzung ist nicht von vorne herein negativ, denn ohne diese könnten wir nicht existieren. Die Autorin geht aus von der klassischen Beschreibung der Abwehrmechanismen und stellt diese in Beziehung zu den Elementen. Ebenso werden die typischen Abwehrhaltungen, die in den Tierkreiszeichen und den Planeten zum Ausdruck kommen untersucht. Im zweiten Teil geht Liz Greene besonders auf die Erfahrungen mit Saturn und Chiron ein. Die Abgrenzungen durch Saturn werden eingehend diskutiert. Dabei wird vor allem die konstruktive Aufgabe Saturns in den Vordergrund gestellt. Chiron und seine Bedeutung für menschliche Verhaltensmuster werden untersucht, wobei hier vor allem die schwierige Frage der kollektiven Wunde zur Sprache kommt.
Liz Greene zeigt dem Leser die positive Seite der Abwehrhaltungen auf und wie er diese positiv in sein Leben integrieren kann. Sie zeigt Wege, wie wir dem Teil in uns kreativ begegnen können, der ursprünglich unser größter Mangel war.

Standardwerke der Astrologie

S. ALBAUGH UND N. EHRESMAN

Die Wiederkehr des Saturn

Lebenszyklus und Krisenjahre
Broschur, 115 Seiten, 12 Abbildungen

ISBN 3-925100-19-9

Man spricht davon, daß sich der Körper alle sieben Jahre erneuert. Dies korrespondiert mit dem Saturnzyklus, denn Saturn bewegt sich in Zeitabschnitten von sieben Jahren: nach 7 bzw. 21 Jahren steht er im Quadrat, nach 14 Jahren in Opposition und nach 28 Jahren wieder auf der Radixposition. Der Zeitpunkt, zu dem der Planet wieder in Konjunktion zu seiner Geburtsstellung tritt, wird als Wiederkehr oder auch als Saturnrevolution bezeichnet. Gerade während der Phase der Wiederkehr des Saturn treten wichtige Entwicklungsschritte in unser Leben. Alle Dinge, die nicht auf festen Grund gebaut sind, stürzen in sich zusammen. Die Saturnrevolution muß jedoch nicht nur negativ aufgefaßt werden, denn sie verhilft dem Betroffenen zu einer „inneren Wiedergeburt". Ein Großteil der Verwirrungen und Selbstzweifel kann jedoch durch eine gezielte Vorbereitung auf die kritischen Phasen des Saturnzyklus geklärt werden. Das vorliegende Buch gibt hierzu eine konkrete Hilfestellung und beleuchtet anhand von praktischen Beispielen die wichtigsten Lebensbereiche, die Saturn bei seiner Wiederkehr umwälzt.

Die beiden Autoren schaffen nicht nur ein tiefes Verständnis der Saturnzyklen, sie geben auch Anregungen zur Auseinandersetzung mit den oftmals unbequemen Lernaufforderungen des Saturn.

Buchhändler Heute

Standardwerke der Astrologie

ERIN SULLIVAN

Venus

Planet der Liebe und Sinnlichkeit
Broschur, 176 Seiten, 7 Abbildungen

ISBN 3-925100-35-0

Untersuchen wir Venus im Horoskop, so achten wir zuerst auf die Tierkreiszeichen Stier und Waage. Erin Sullivan zeigt, daß sich diese Dualität bereits in der antiken Mythologie nachweisen läßt, denn es gibt zwei Ursprungsmythen für die Göttin der Liebe. Alle Ebenen unseres Erlebens sind noch heute durchdrungen von der Vorstellung des Niederen und des Höheren, des Profanen und des Sakralen, von Körper und Denken, Lust und Liebe.

Das Buch verdeutlicht die Auswirkungen dieses Doppelaspekts, denn wir alle tragen das wilde Antlitz der Stier-Venus, die animalische Seite in uns. Aber auf der Instinktebene allein zu handeln ist nicht attraktiv. Deswegen haben wir die gleichermaßen wertvolle und verfeinerte Waage-Seite ebenfalls in uns, die unsere Fähigkeiten lenkt, mit anderen Menschen in Beziehung zu stehen, Kompromisse mit unseren Instinkten zu schließen und zur zivilisierten Welt zu gehören. Unsere Verhaltensweisen im Liebesleben werden zum größten Teil dadurch bestimmt, wie gut diese beiden Faktoren übereinstimmen.

Astrologisch läßt sich dies sehr gut an den Winkelverbindungen dieses Planeten ablesen. Die Autorin gibt fundierte Interpretationen der Venus-Aspekte zu den anderen Planeten. Dabei gelangt sie auf dem Hintergrund des doppelten Mythos zu ganz unerwarteten Deutungen und zeigt dem Leser nicht nur, wie er Ideale zur Wirklichkeit werden lassen kann, sondern auch Wege für ein tieferes Erfassen der Venus-Energie.

Standardwerke der Astrologie

BERND A. MERTZ

Venus und Merkur

als Morgen- und Abendstern im Horoskop
Broschur, 112 Seiten, 38 Abbildungen

ISBN 3-925100-28-8

Der Morgen- oder Abendstern ist eine uns
allen vertraute Himmelserscheinung, die
uns über verschiedene Etappen eines Jahres
begleitet. Schon Pythagoras erkannte, daß es sich dabei um die zwei
Gesichter eines Planeten handelt. Heute wissen wir, daß sowohl Merkur als auch Venus Morgen- oder Abendstern sein können. Bernd A.
Mertz ist einer der wenigen Astrologen, der diese Unterscheidung
mit in seine Betrachtung integriert. Merkur als Morgenstern ist mit
dem Zeichen Zwillinge verwandt, Merkur als Abendstern mit dem
Zeichen Jungfrau. Venus als Morgenstern findet ihre Entsprechung
im Stier, während Venus als Abendstern zum Zeichen Waage gehört.
Auf diesem Weg kann der Autor auf schlüssige Weise erklären, warum die unteren Planeten in der Astrologie jeweils zwei verschiedene
Zeichen prägen. Neben den mythologischen Hintergründen, zeigt er
die astronomischen Zusammenhänge auf. Dabei wird deutlich, daß
Venus ein Pentagramm am Himmel beschreibt, während der Merkur
ein Hexagramm abbildet. Er untersucht diese verborgene Symbolik
und zeigt: Venus und Merkur werden in der Astrologie stark unter-
schätzt. Für den praktischen Gebrauch beschreibt er ausführlich die
Deutung von Morgen- und Abendstern im Geburtshoroskop.

Nach der Lektüre dieses Buches wird klar, daß eine sinnvolle Wieder-
holung des ursprünglichen astrologischen Wissens von Zeit zu Zeit
äußerst sinnvoll und befruchtend auf den täglichen Umgang mit den
Sternenweisheiten sein kann.   *Synthese*

Chiron Verlag